智永楷書

過年寫春聯

盧中南

罗锡清 编

河南美术出版社
·郑州·

图书在版编目（CIP）数据

过年写春联．智永楷书／罗锡清编．— 郑州：河南美术出版社，2022.10

ISBN 978-7-5401-5949-8

Ⅰ．①过… Ⅱ．①罗… Ⅲ．①楷书－法帖－中国－隋代 Ⅳ．① J292.2

中国版本图书馆 CIP 数据核字（2022）第 160863 号

过年写春联　智永楷书

罗锡清　编

出 版 人　李　勇
责任编辑　庞　迪
责任校对　裴阳月
装帧设计　庞　迪
制　　作　张国友
出版发行　河南美术出版社
　　　　　地址：郑州市郑东新区祥盛街 27 号
　　　　　邮编：450016
　　　　　电话：(0371) 65788152
印　　刷　郑州印之星印务有限公司
开　　本　787 毫米 ×1092 毫米　1/16
印　　张　6
字　　数　75 千字
版　　次　2022 年 10 月第 1 版
印　　次　2022 年 10 月第 1 次印刷
书　　号　ISBN 978-7-5401-5949-8
定　　价　25.00 元

关于春联

春联也叫“门对”“春贴”“对联”“对子”。它以工整、对偶、简洁、精巧的文字描绘时代背景，抒发美好愿望，是我国特有的一种文学形式。每逢春节，无论城市还是农村，家家户户都要精选一副大红春联贴于门上，为节日增加喜庆气氛。

中国最早的春联相传出自五代后蜀国君孟昶。《宋史·西蜀孟氏》记载：“（孟昶）每岁除，命学士为词，题桃符，置寝门左右。末年，学士幸寅逊撰词，昶以其非工，自命笔题云：‘新年纳余庆，嘉节号长春’。”大意是：新年享受着先代的遗泽，佳节预示着春意常在。这就是春联的雏形。

过年贴春联的民俗起源于宋代，并在明代开始盛行。据《簪云楼杂说》载，明太祖朱元璋酷爱对联，不仅自己挥毫书写，还常常鼓励臣下书写。有一年除夕，他传旨：“公卿士庶家，门上须加春联一副。”后太祖微服出巡，看见各家张贴的春联十分高兴。当他行至一户人家，见门上没有春联，便问何故。原来主人是个杀猪的，正愁找不到人写春联。朱元璋当即挥笔写下了一副内容为“双手劈开生死路，一刀割断是非根”的春联送给了这户人家。从这个故事中可以看出朱元璋对春联的大力提倡，也正是因为他的身体力行，才推动了春联的普及。

到了清代，春联的思想性和艺术性都有了很大提高。梁章钜所撰《楹联丛话》对楹联的起源及各门类作品的特色都一一做了论述，其中就专门提到春联。可见春联在当时已成为一种文学艺术形式。

常见的春联，根据其使用场所与位置的不同，可分为门心、框对、横批、春条、斗斤等。“门心”贴于门板上端中心部位；“框对”贴于左右两个门框上；“横批”贴于门楣的横木上；“春条”是根据不同的内容，贴于相应位置的单幅文字，如过年时在庭院里贴的“抬头见喜”“出入平安”“恭喜发财”等；“斗斤”，也叫“门叶”，为菱形，多贴在家具、单扇门或影壁上，春节时大家喜欢贴的“福”字，就属于“斗斤”。

春节贴“福”字，是我国民间由来已久的风俗。据《梦粱录》记载：“岁旦在迩，席铺百货，画门神桃符，迎春牌儿。”“士庶家不论大小家，俱洒扫门间，去尘秽，净庭户，换门神，挂钟馗，钉桃符，贴春牌，祭祀祖宗。”文中的“春牌”即写在红纸上的“福”字，“福”字代表的是“幸福”“福气”“福运”。民间还有将“福”字精描细作成各种图案的，图案有寿星、寿桃、鲤鱼跳龙门、五谷丰登、龙凤呈祥等。春节贴“福”字，无论是现在还是过去，都寄托了人们对幸福生活的向往，也是对美好未来的祝愿。

俗话说：“一年之计在于春。”在人们的传统观念里，一年中有个好的开端是最惬意、最吉利的事。无论在过去的一年里有什么高兴、得意的事，还是有什么不如意的事，总是希望未来的一年过得更好。因此，在新春即将到来之时，贴春联恰好可以表达这种美好愿望。加之我国人民自古就有乐观向上的精神，寄希望于未来，祈盼未来自己会有好运。于是人们借助于春联表达对即将过去的一年的欣喜和幸福的心境，以及对新的一年的期盼与厚望。

民间有“腊月二十四，家家写大字”的说法，随着中国传统文化的复兴，过年写春联已经成为一种时尚。中国人过春节讲究喜庆、吉利、热闹，人们在春节期间吃好的、喝好的、穿新衣、放鞭炮、走亲访友等，这体现了人们对美好生活的向往，而写春联恰恰暗合了这一点。

本套图书共十六册，每册收录八十余副广大人民群众喜闻乐见的春联。我们邀请著名书法家杨华（楷书）、范彦奎（行书）、王应科（隶书）、陈泓凌（篆书）分别用四种字体精彩演绎，邀请鞠闻天（《张迁碑》）、范彦奎（米芾行书）、蒯奕池（王羲之行书、《曹全碑》）、杨德明（褚遂良楷书）、鲁凤华（欧阳询楷书）、刘善军（颜真卿楷书）、罗锡清（智永楷书、苏轼行书、赵孟頫楷书、赵孟頫行书、王铎行书）对不同字体分别进行精彩组合。希望这套书能为中国传统的春节文化增添一笔浓重的“中国红”。

杨　华

目录

44	45	46	47	48	49	50	51	52
一年好景同春到 四季财源顺时来	一庭春色含生意 几树梅花应早春	迎新春平安如意 贺佳节富贵平安	龙马精神壮四海 风云气象会三春	有情红梅报新岁 得意桃李喜春风	和顺门第增百福 合家欢乐纳千祥	全家平安添百福 满门和顺纳千祥	知足四时居乐境 宽怀到处遇春风	种就福田如意玉 养成心地吉祥云

53	54	55	56	57	58	59	60	61
花开富贵家家乐 灯照吉祥岁岁欢	春风万里山山绿 旭日一轮处处红	春来也鱼龙变化 时至矣桃李芳菲	东风旭日千家暖 瑞雪红梅万户春	阶前春色浓如许 户外风光翠欲流	瑞雪铺下丰收路 春风吹开幸福门	万里曙光归物外 五更春信到人间	雨润诗情吟壮景 春含画意绘新天	青山含翠藏画意 春雨洒珠润诗情

62	63	64	65	66	67	68	69	70
青山不语花含笑 流水无声鸟作歌	天上明月千里共 人间春色九州同	大有丰年云集锦 春风瑞色气调梅	春临大地花开早 福满人间喜事多	海纳百川呈瑞彩 天开万里醉春风	去岁曾穷千里目 今年更上一层楼	盛世有逢皆乐事 春城无处不飞花	时雨送来千里绿 春光不让一人闲	喜居宝地千年旺 福照家门万事兴

71	72	73	74	75	76	77	78	79
又是一年春草绿 依然十里杏花红	鱼游春水纳余庆 鸡唱曙光报吉祥	和气盈门迎瑞气 春光满眼映文光	人寿年丰家家乐 国泰民安处处春	金鸡啼处腾红日 春水流时淌福音	九州花放山河丽 四海春回大地新	开门迎春春拂面 抬头见喜喜满堂	龙飞凤舞山川秀 燕语莺歌甲第新	迎新春万事如意 贺佳节财源广进

80	81	82	83	84	85~90
龙腾华夏开新运 鹊上枝头报福音	龙腾云海国昌盛 春满人间民泰安	满面春风迎客至 四时生意在人为	迎新岁窗花映白雪 送旧年喜鹊闹红梅	大地回春山河壮丽 阳光普照玉宇澄清	喜迎新春 瑞气盈门 人欢财旺 风调雨顺 春光明媚 万象更新 长乐人家 春盈四海 五世其昌 春风化雨 新年吉庆 盛世祥光 吉祥如意 五福临门 春和景明 百事大吉 万事如意 迎春纳福 春风得意 年年有余 长乐永康 春临大地 心想事成 恭喜发财 积善人家 梅开五福 四季平安 吉星高照 紫气东来 竹报三多

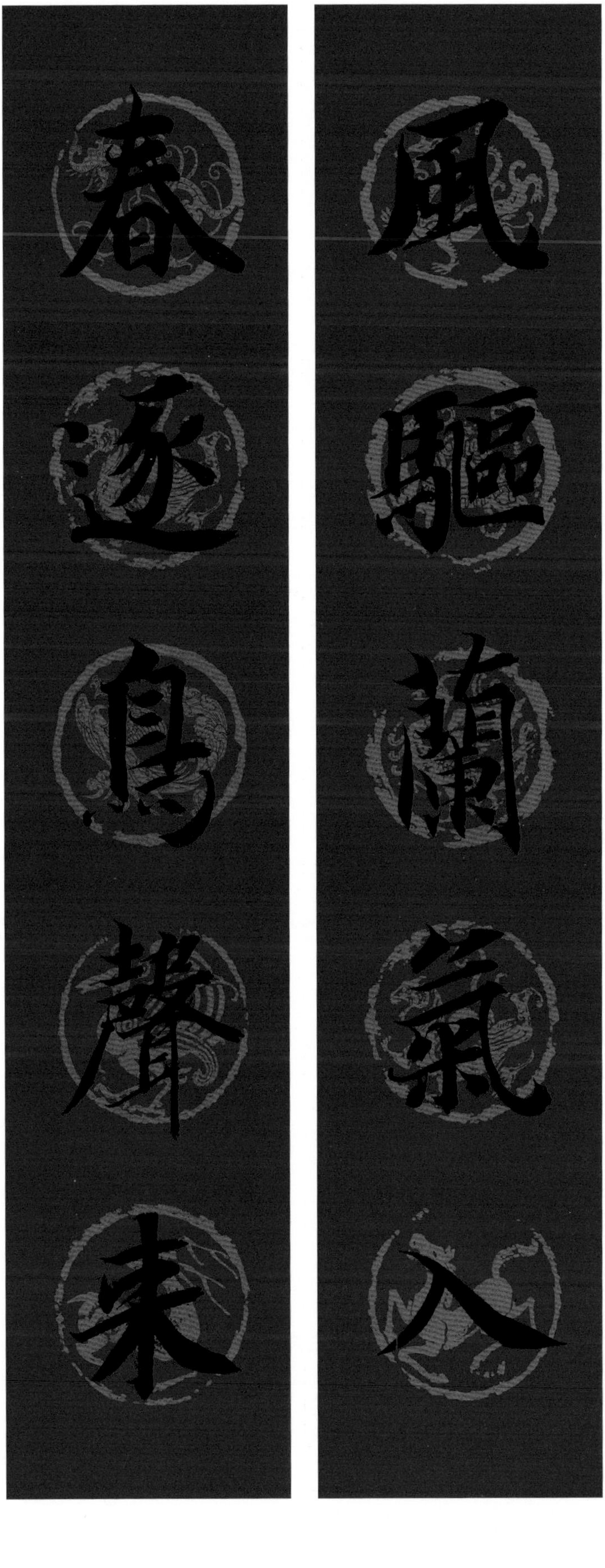

风驱兰气入
春逐鸟声来

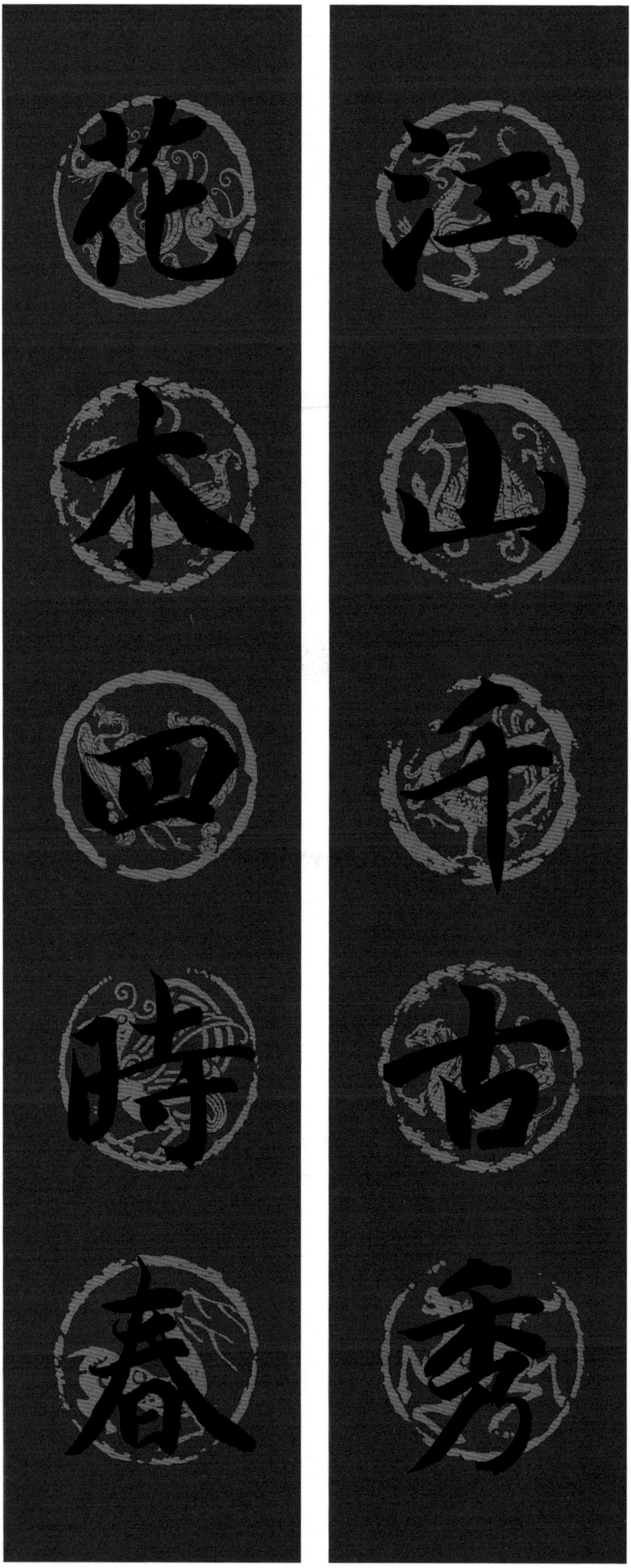

江山千古秀
花木四时春

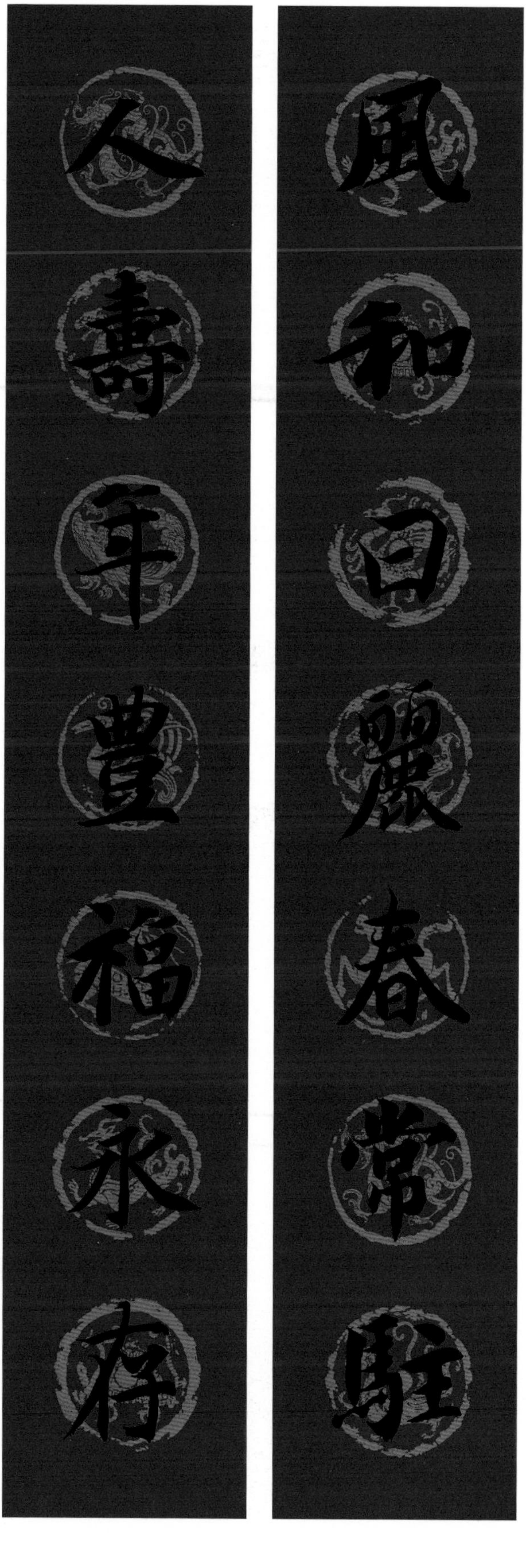

风和日丽春常驻
人寿年丰福永存

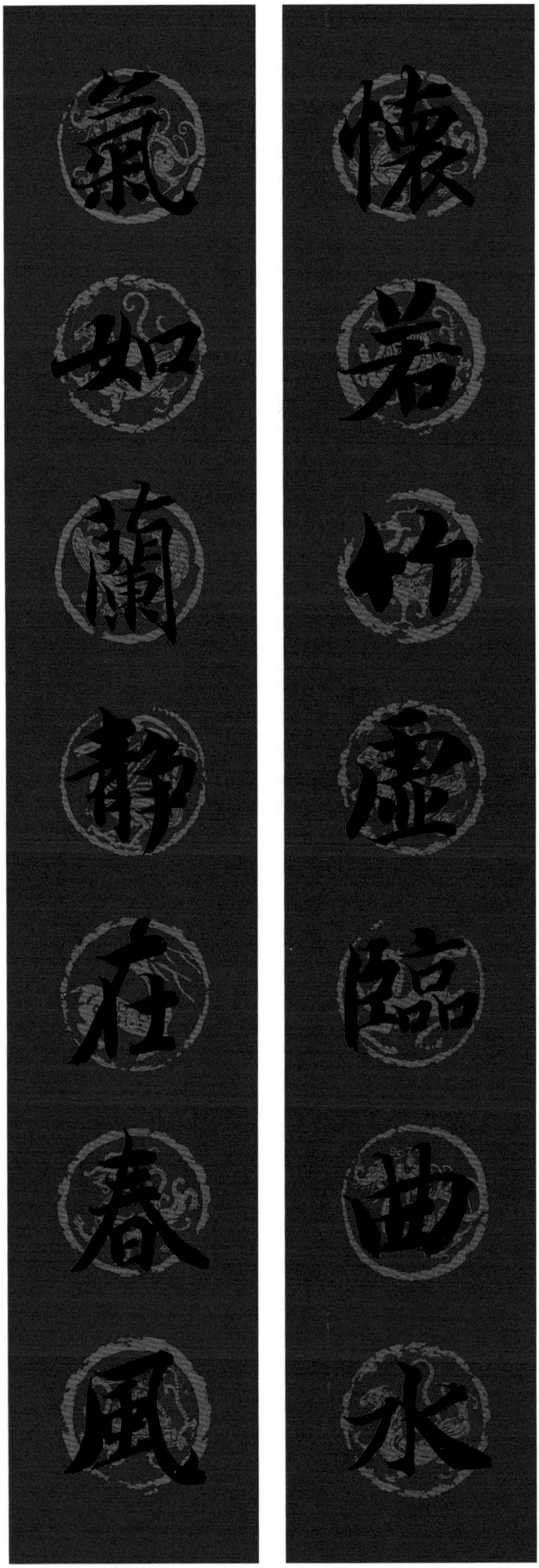

怀若竹虚临曲水
气如兰静在春风

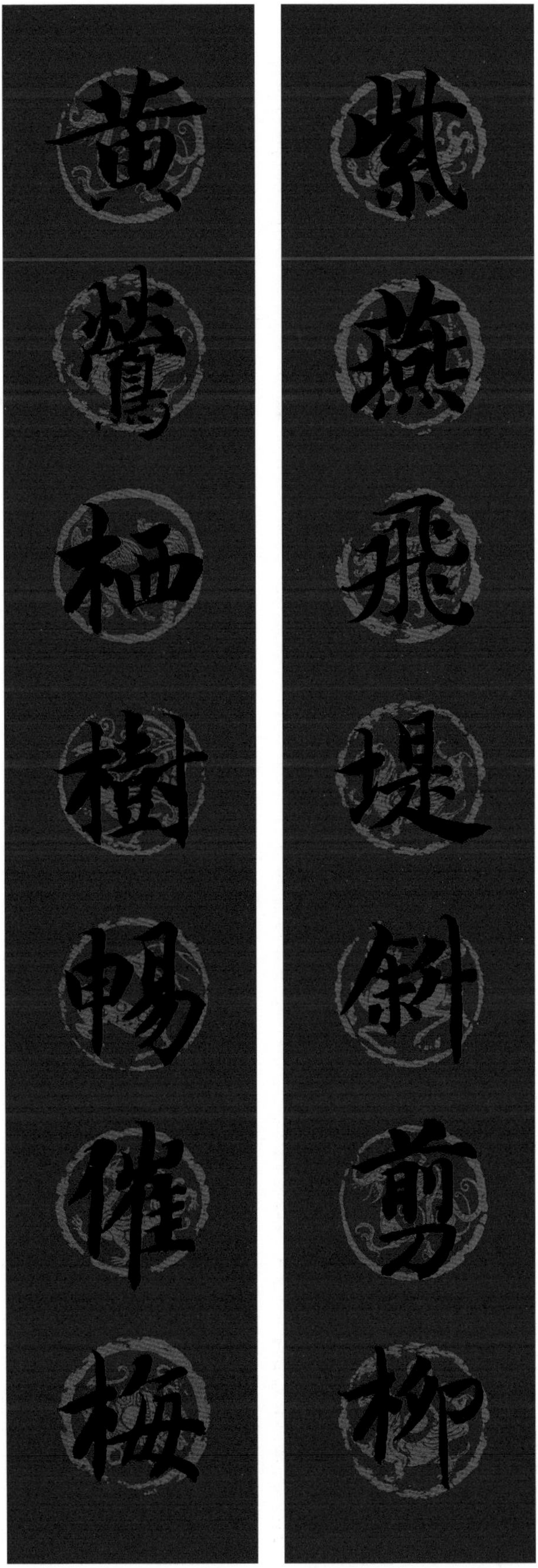

紫燕飞堤斜剪柳
黄莺栖树畅催梅

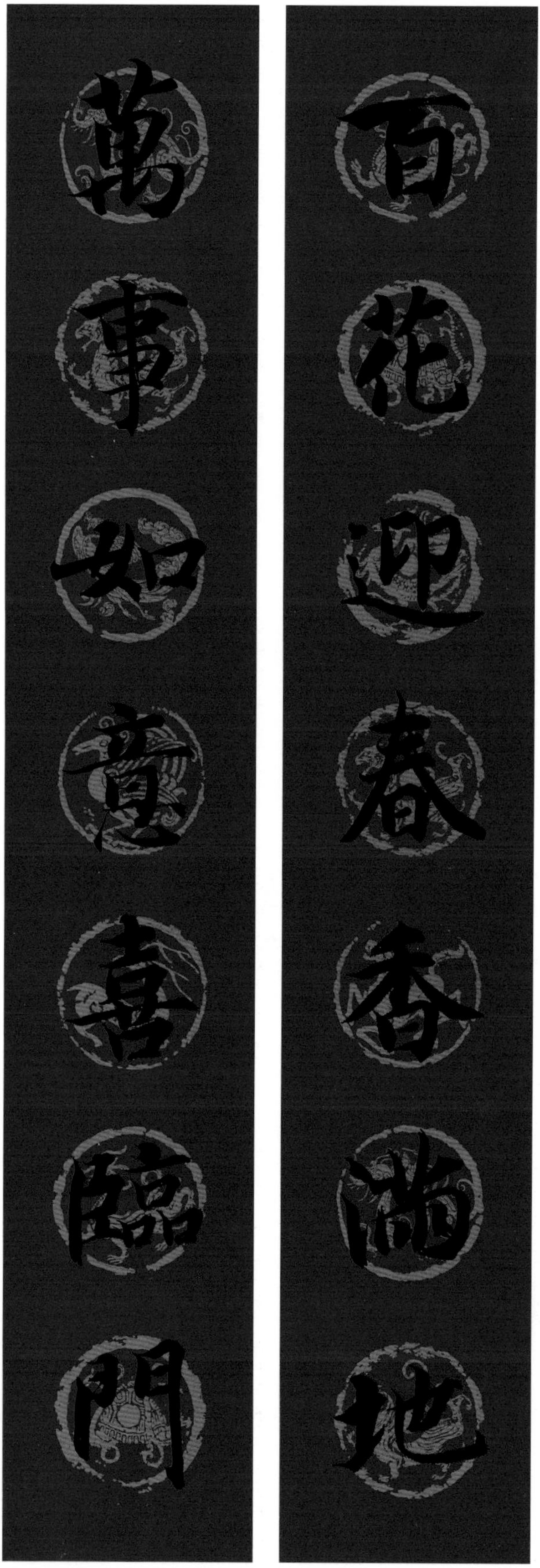

百花迎春香满地
万事如意喜临门

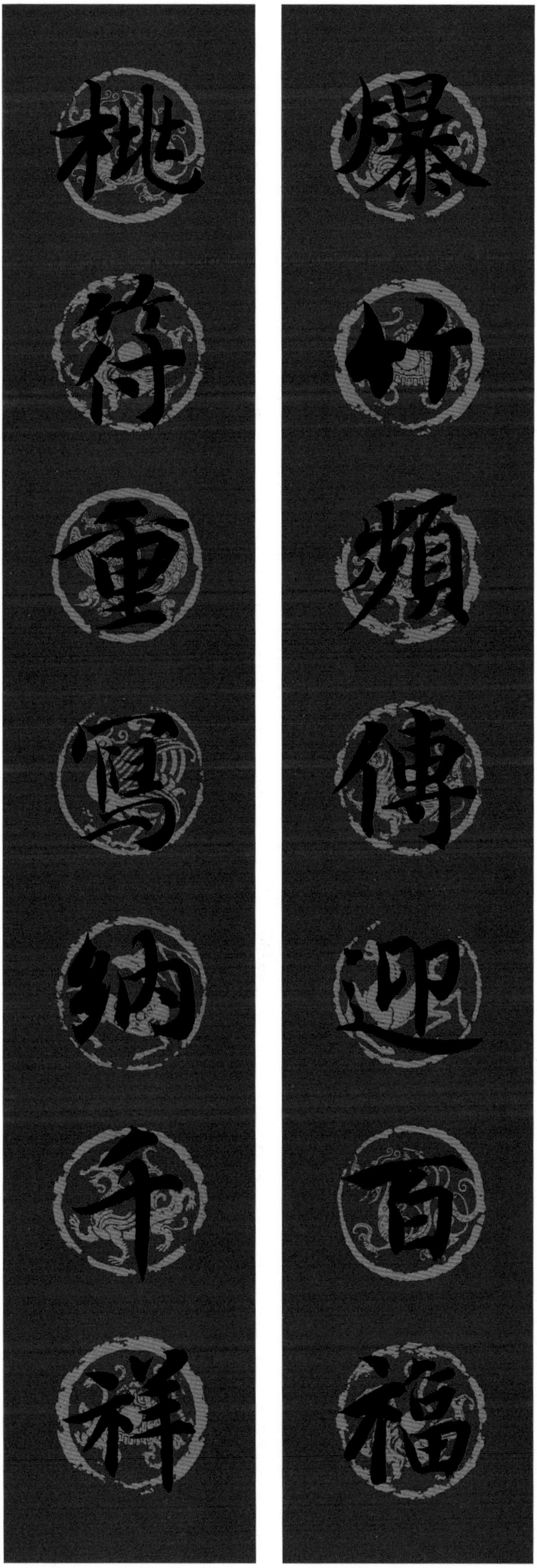

爆竹频传迎百福
桃符重写纳千祥

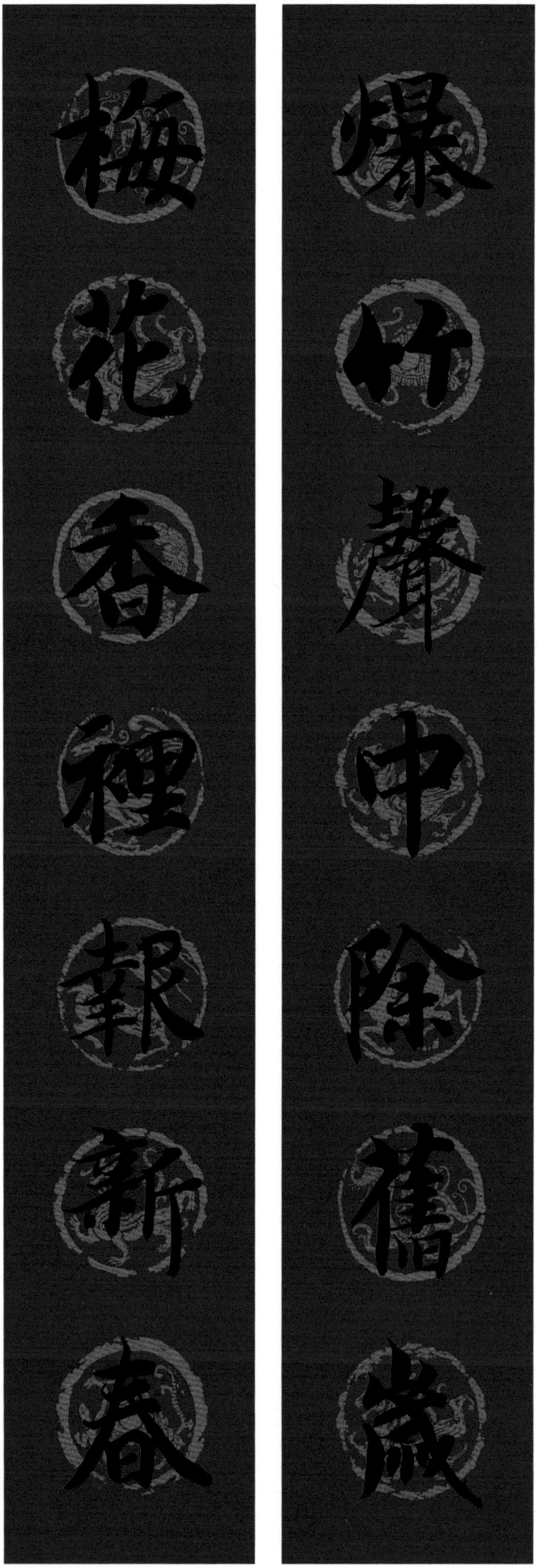

爆竹声中除旧岁
梅花香里报新春

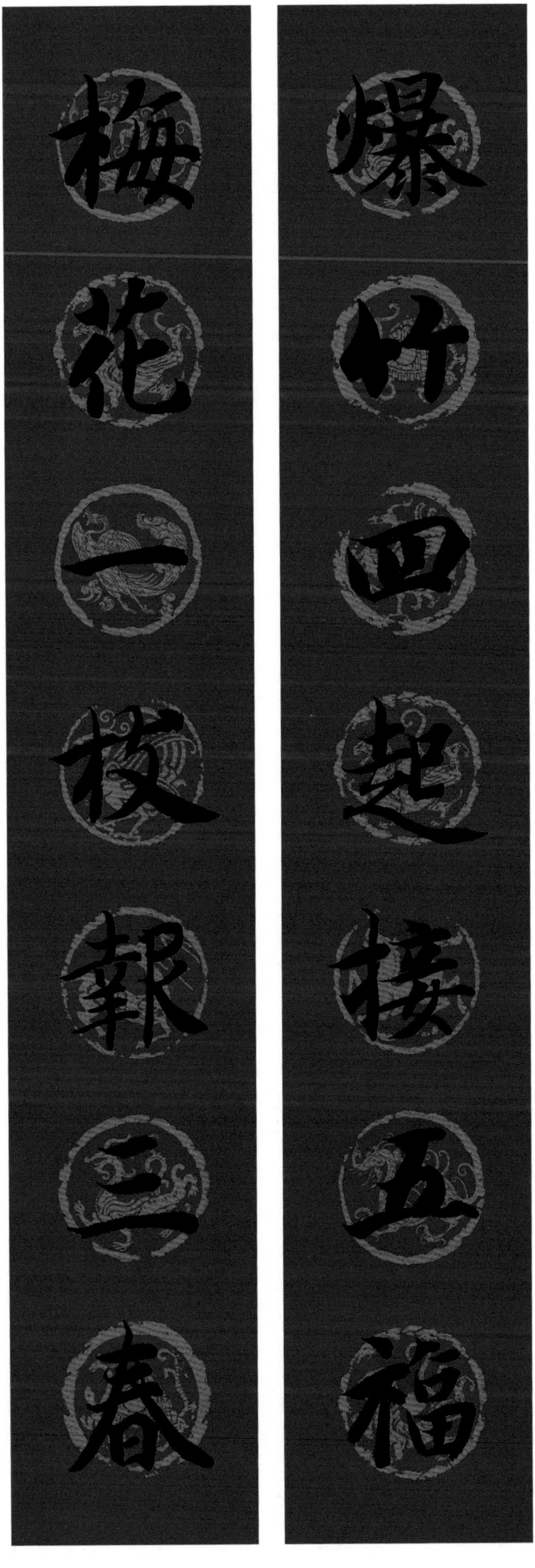

爆竹四起接五福
梅花一枝报三春

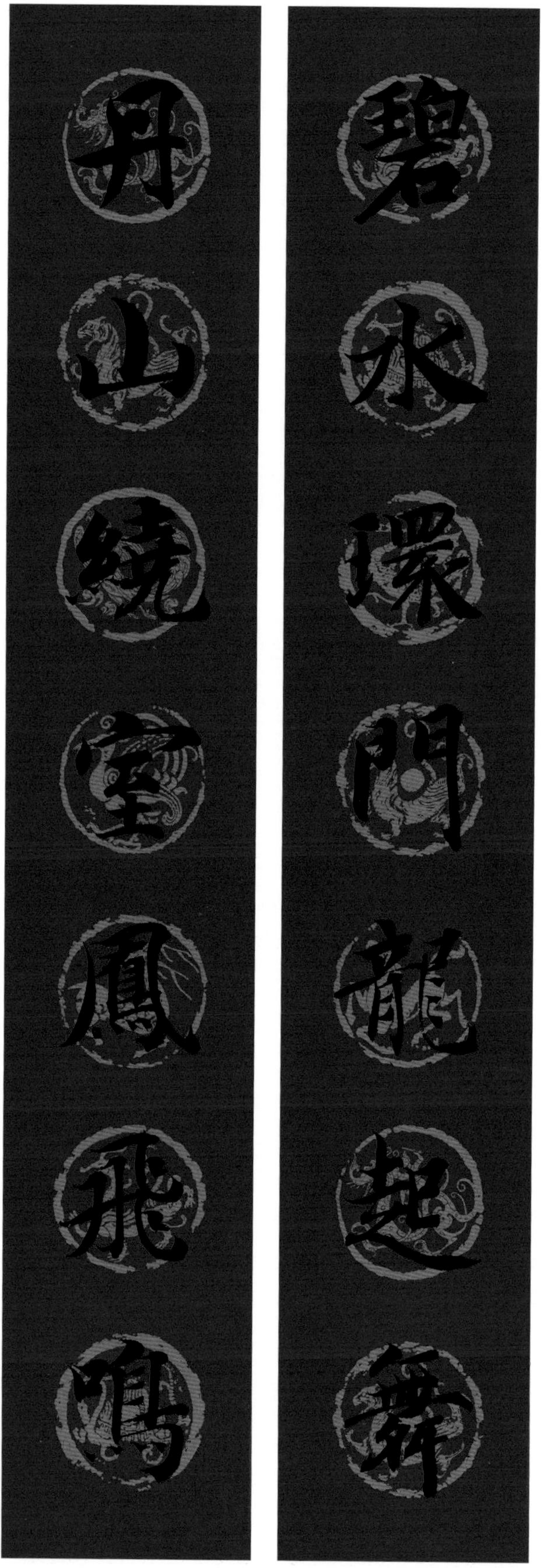

碧水环门龙起舞
丹山绕室凤飞鸣

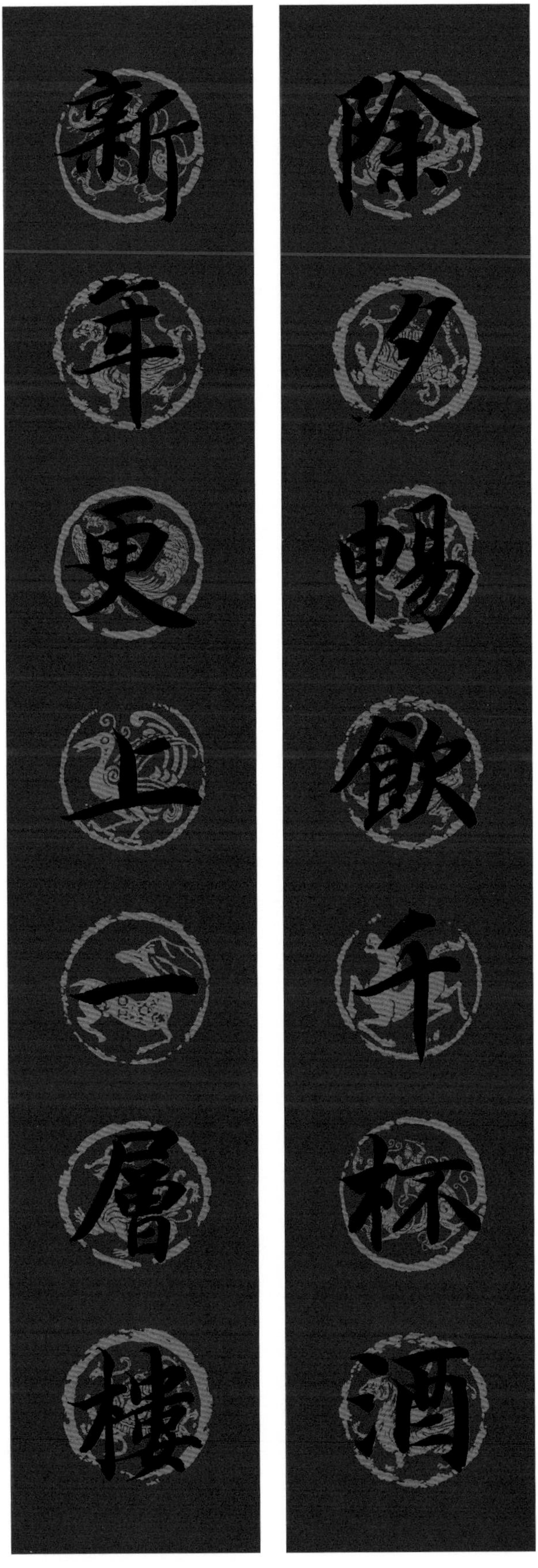

除夕畅饮千杯酒
新年更上一层楼

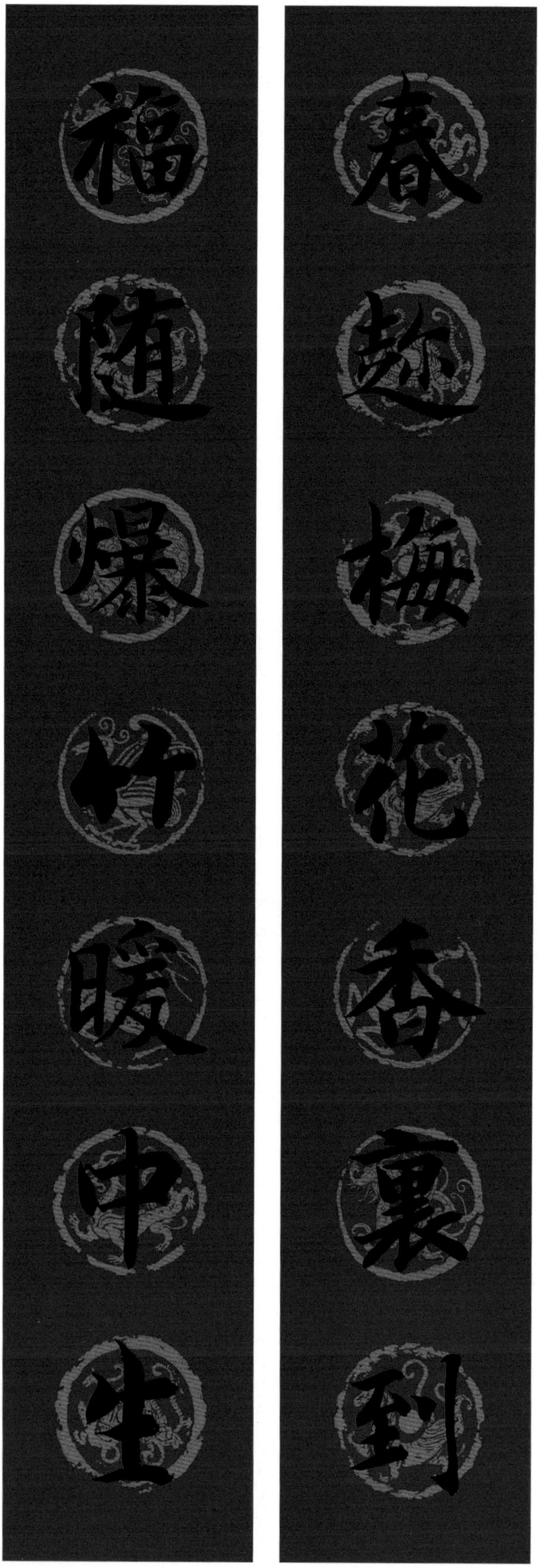

春趁梅花香里到
福随爆竹暖中生

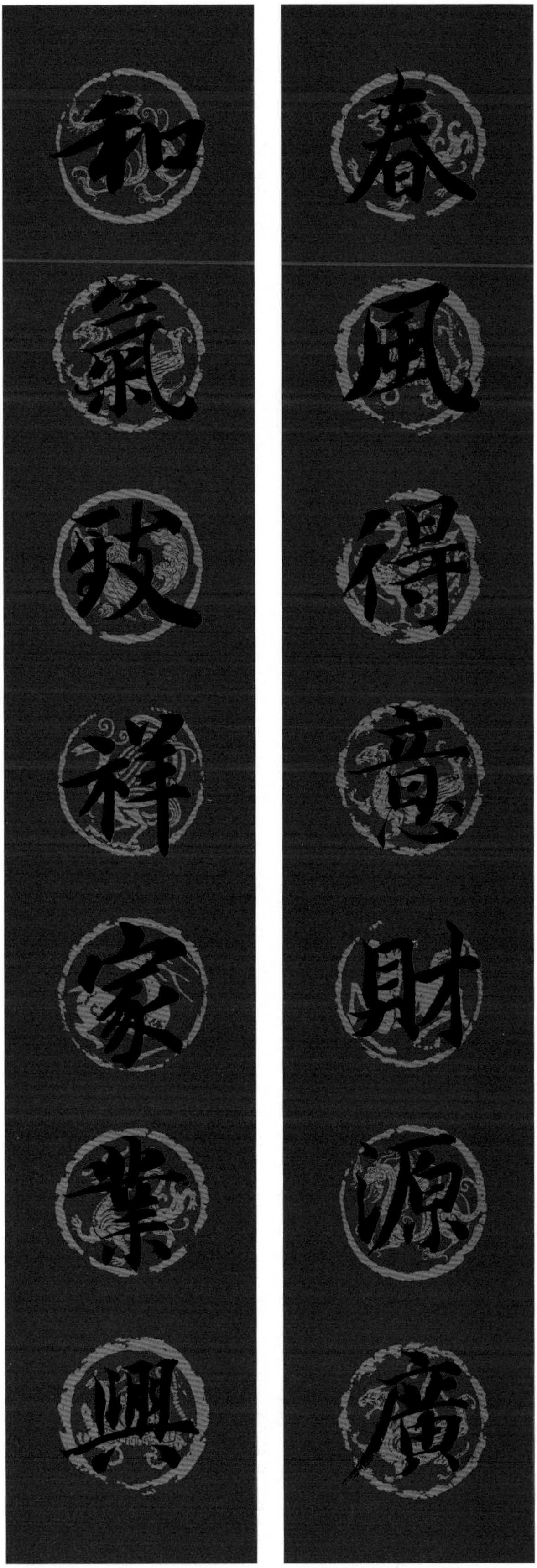

春风得意财源广
和气致祥家业兴

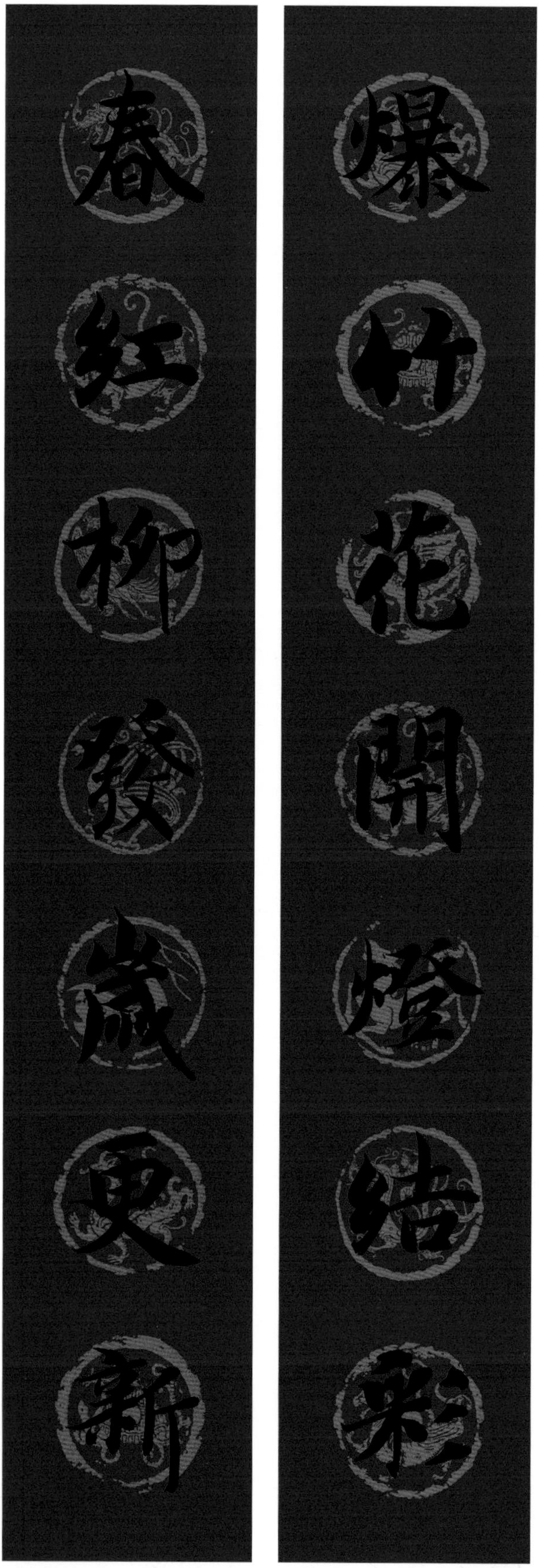

爆竹花开灯结彩
春红柳发岁更新

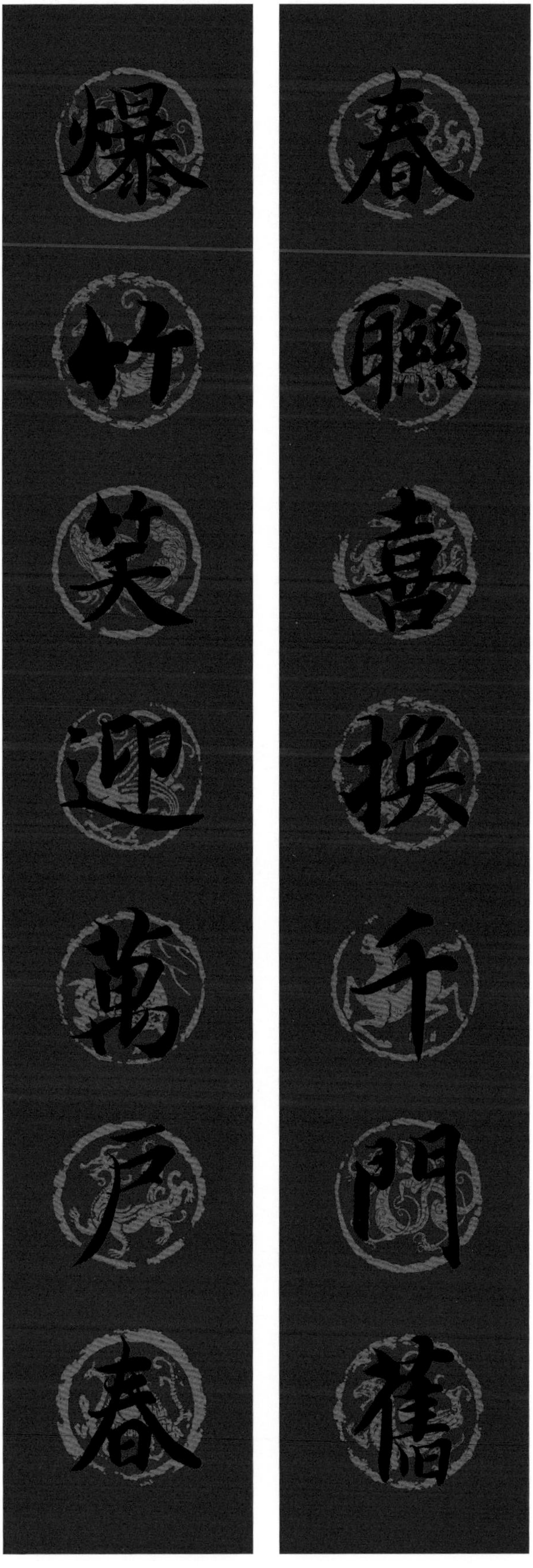

春联喜换千门旧
爆竹笑迎万户春

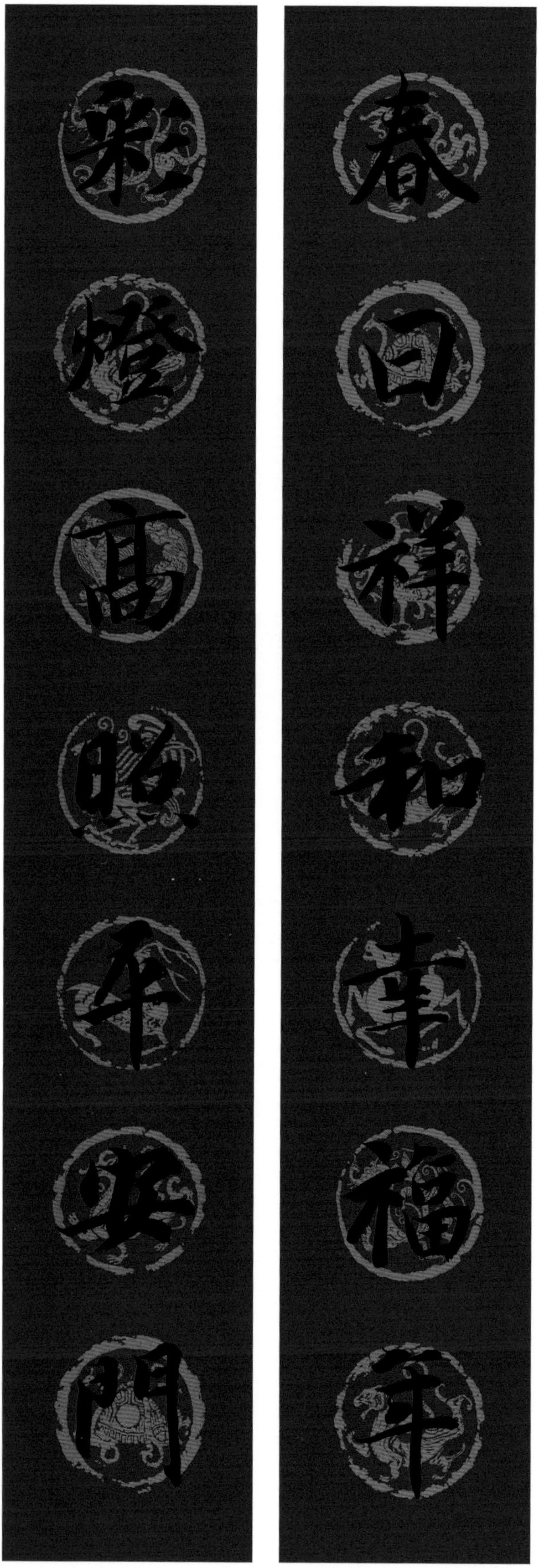

春日祥和幸福年
彩灯高照平安门

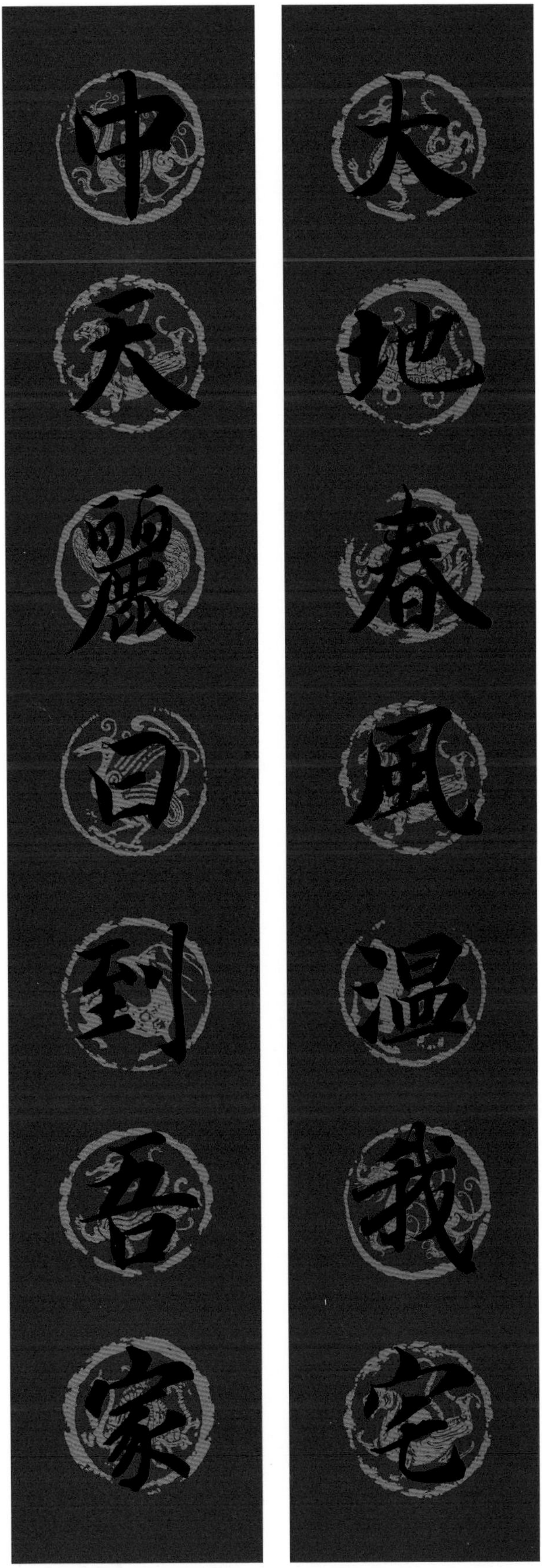

大地春风温我宅
中天丽日到吾家

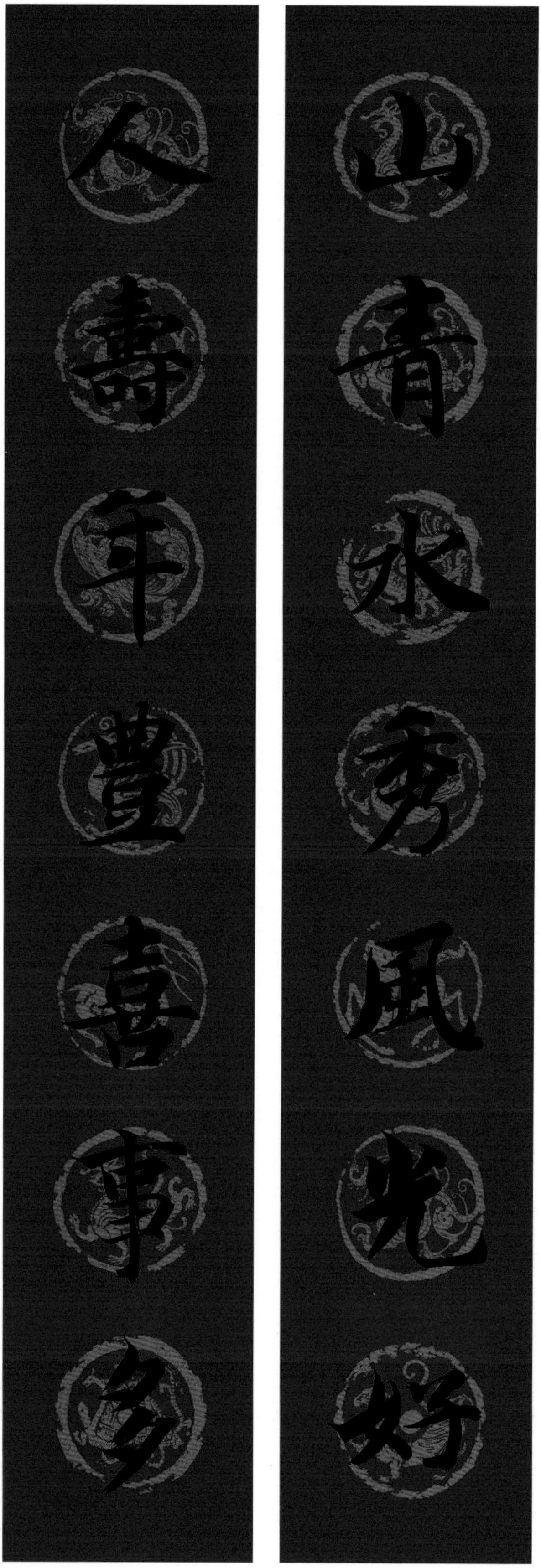

山青水秀风光好
人寿年丰喜事多

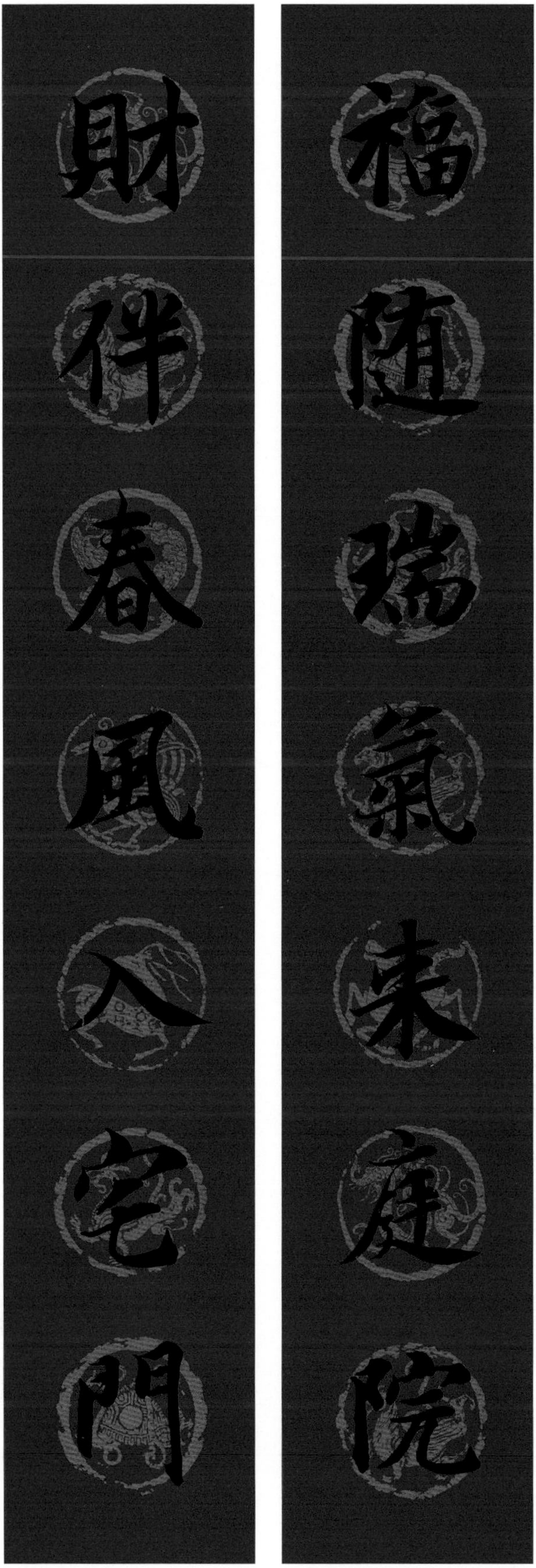

福随瑞气来庭院
财伴春风入宅门

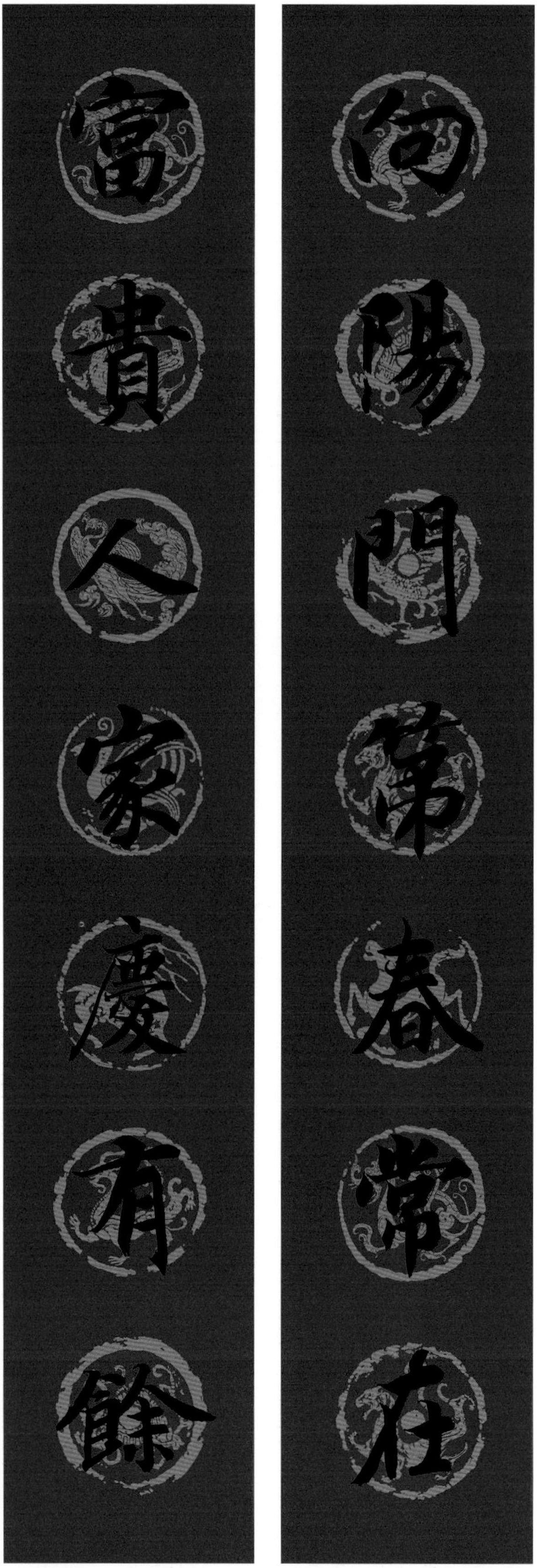

向阳门第春常在
富贵人家庆有余

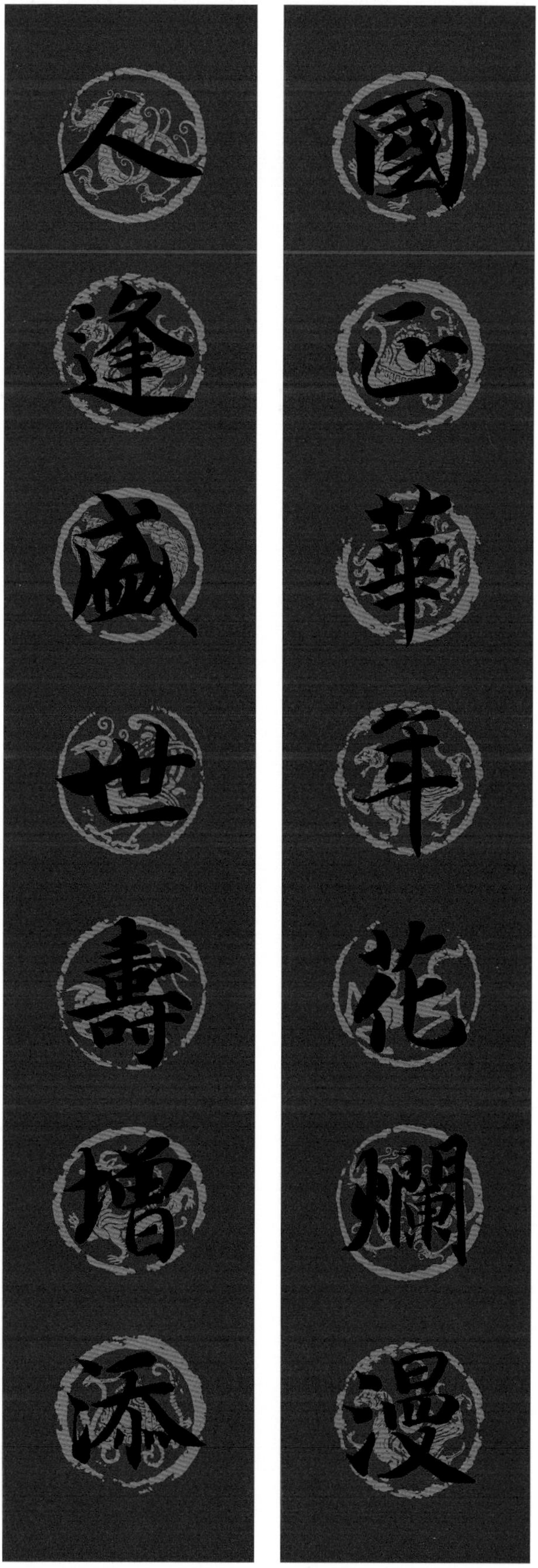

国正华年花烂漫
人逢盛世寿增添

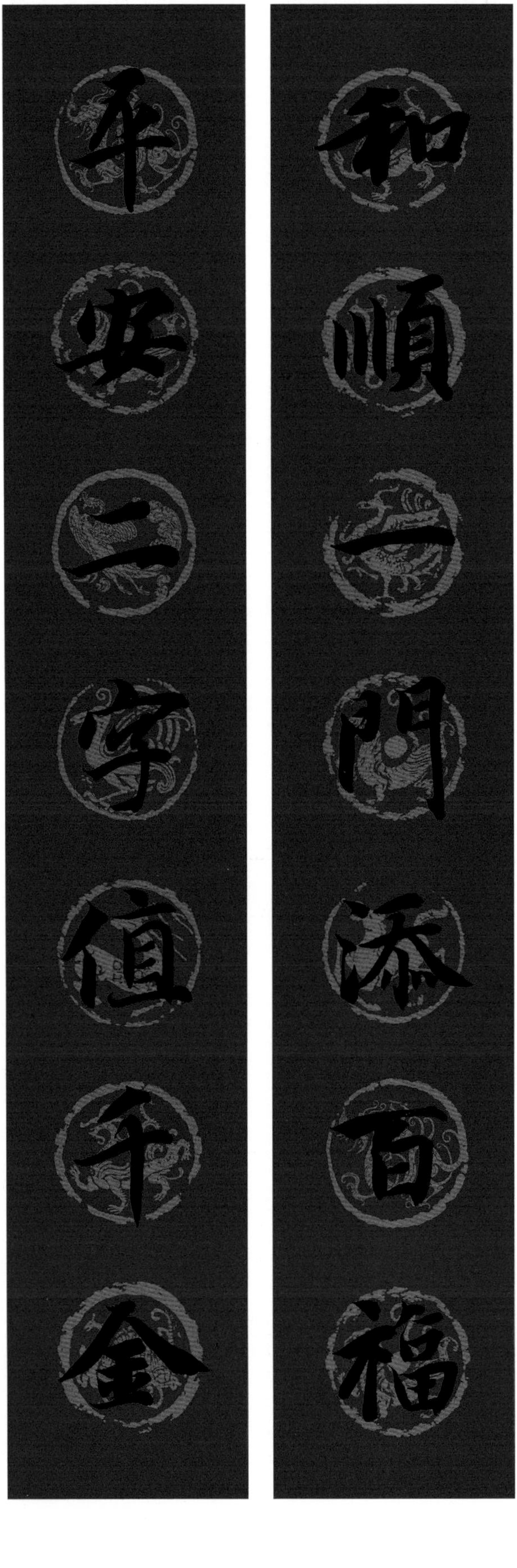

和顺一门添百福
平安二字值千金

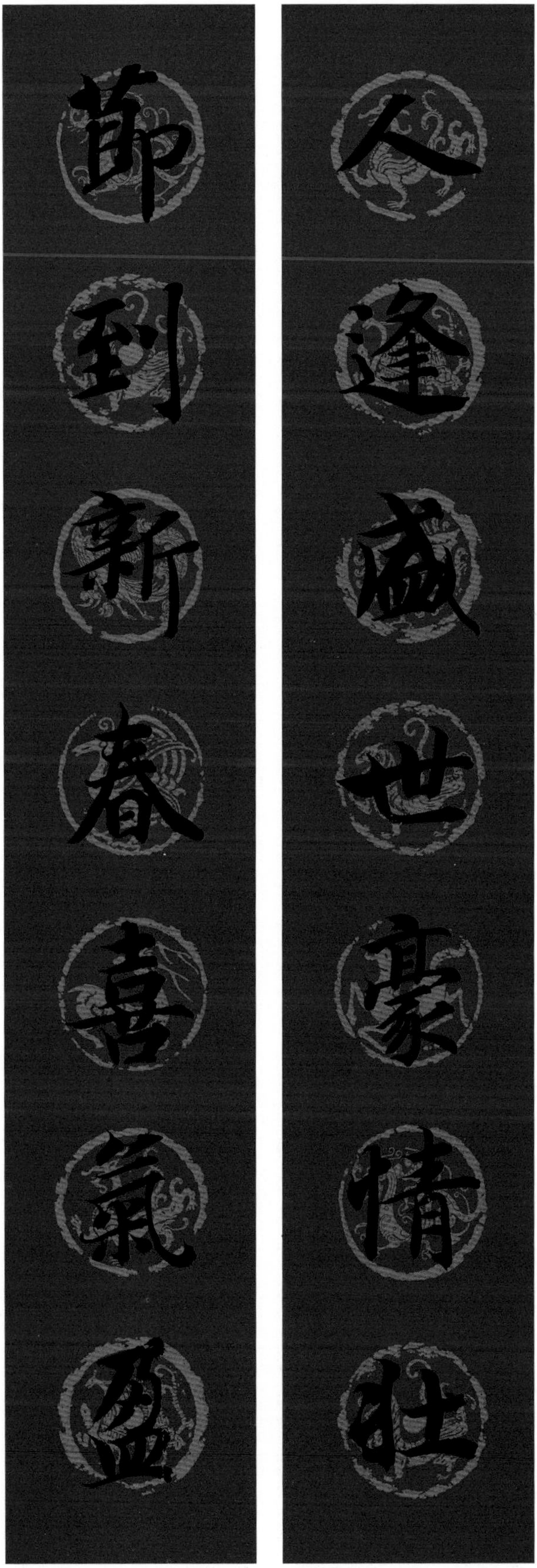

人逢盛世豪情壮
节到新春喜气盈

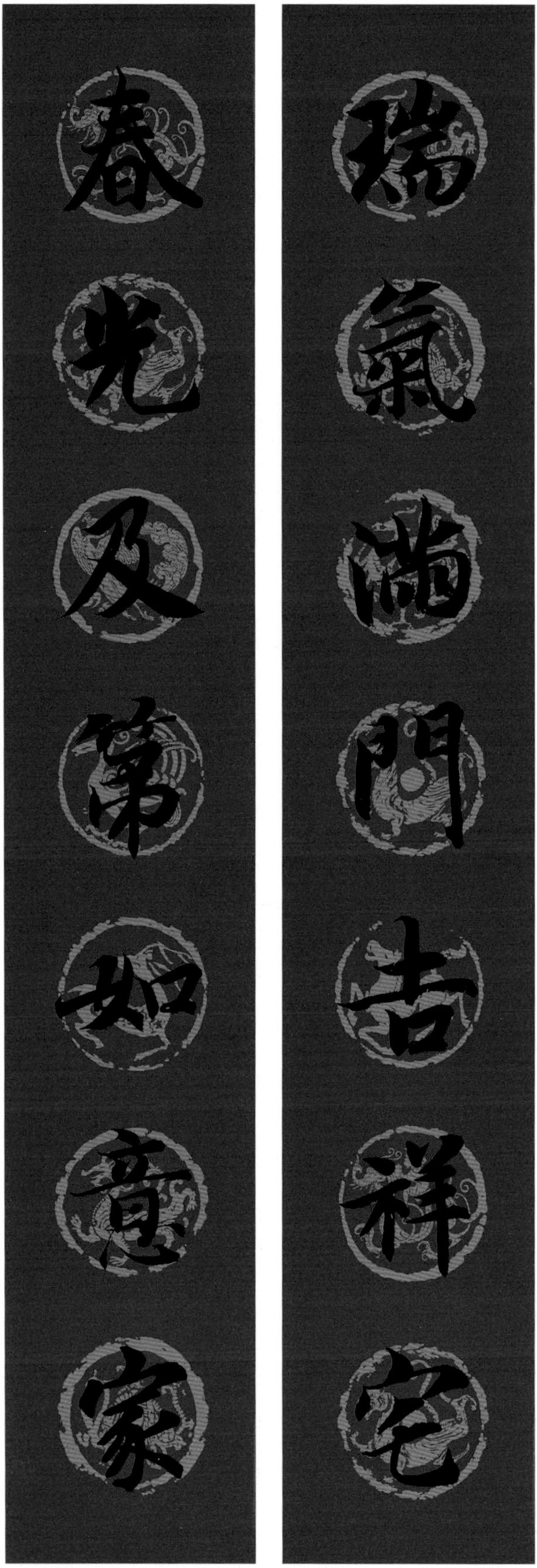

瑞气满门吉祥宅
春光及第如意家

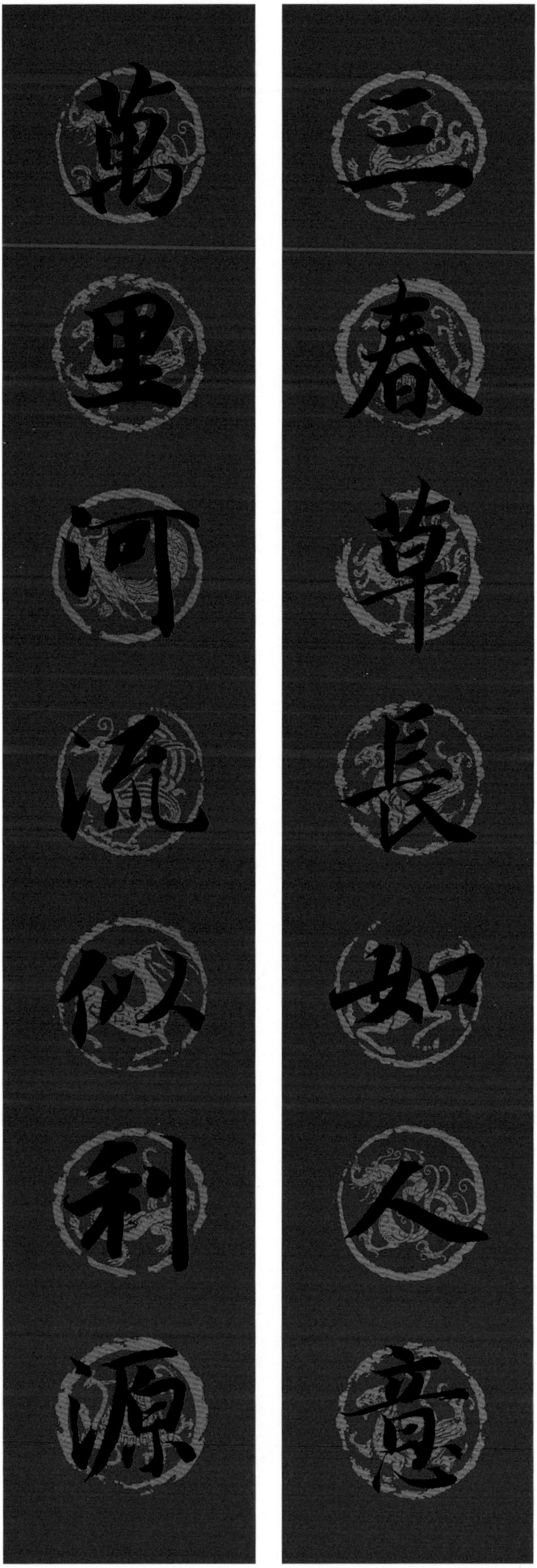

三春草长如人意
万里河流似利源

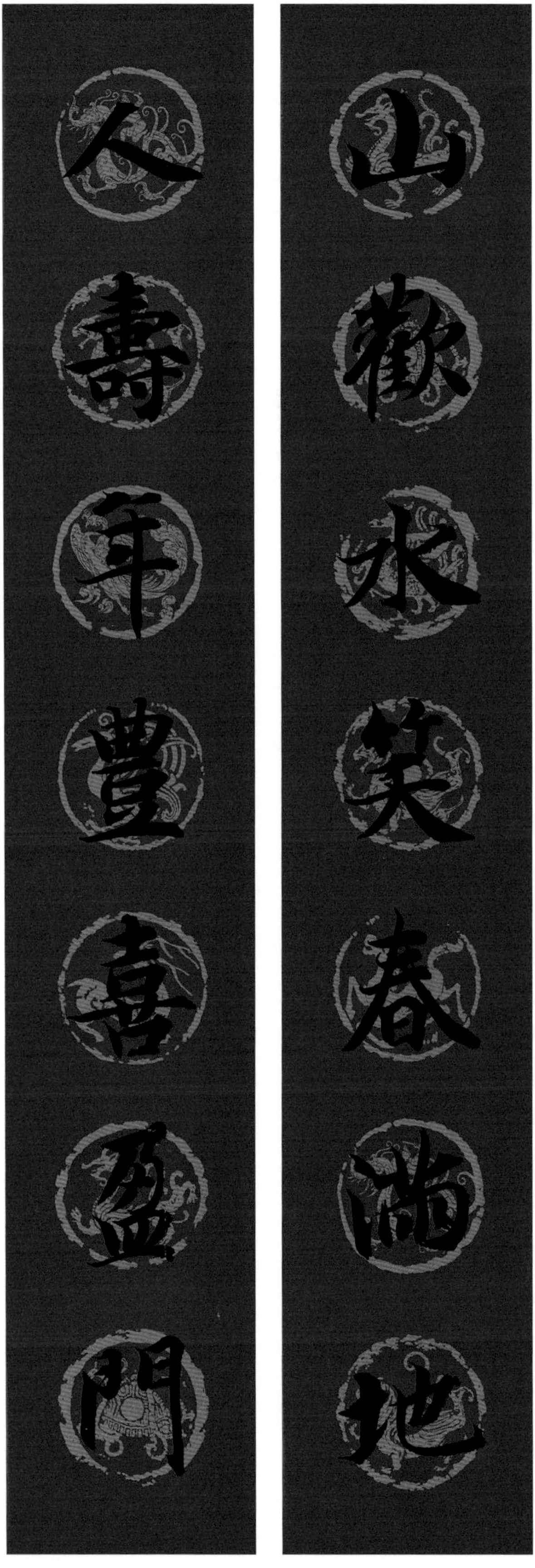

山欢水笑春满地
人寿年丰喜盈门

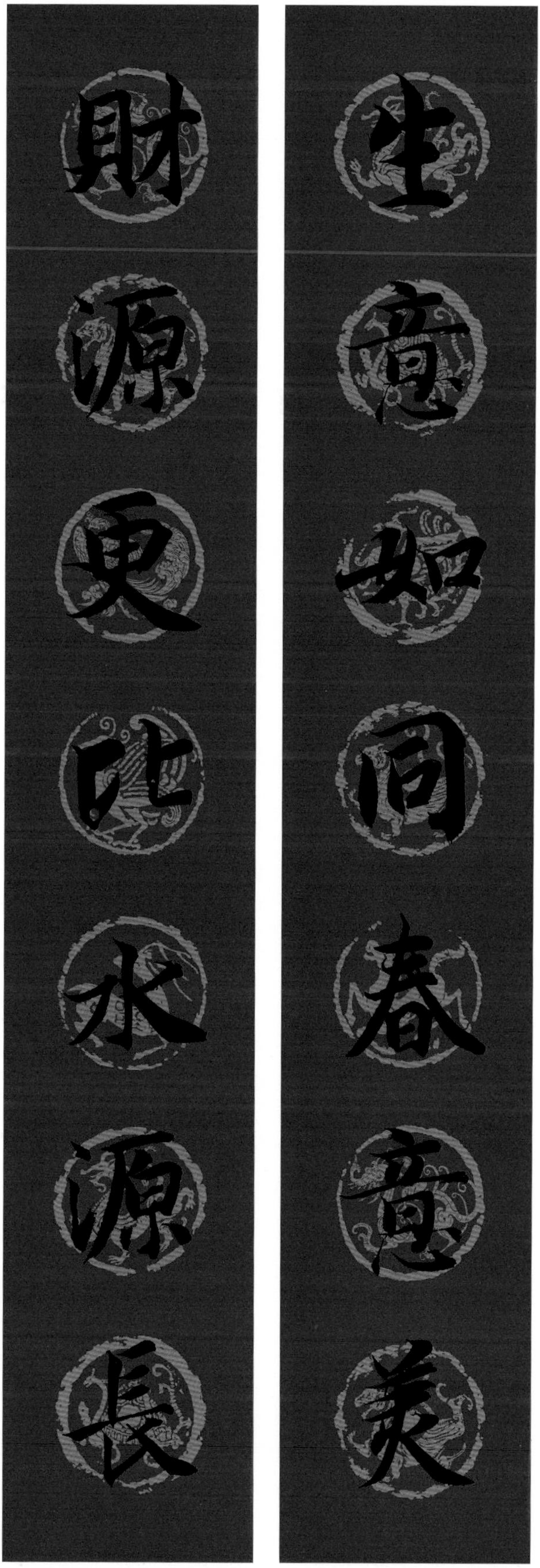

生意如同春意美
财源更比水源长

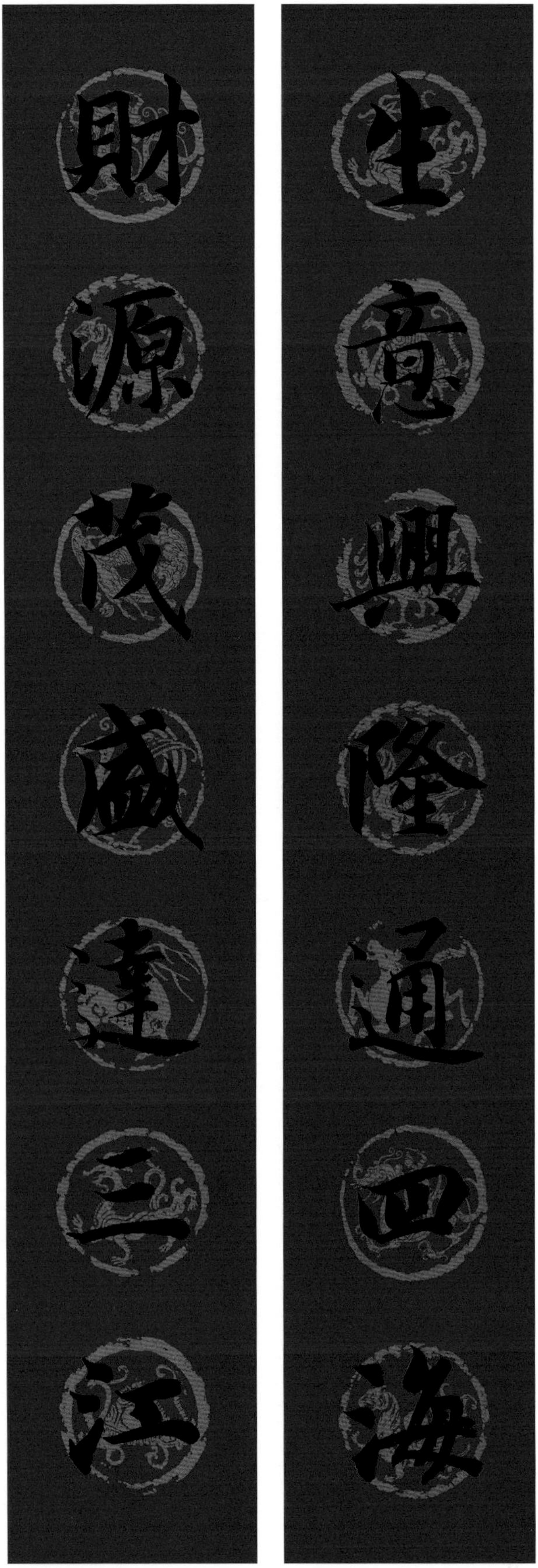

生意兴隆通四海
财源茂盛达三江

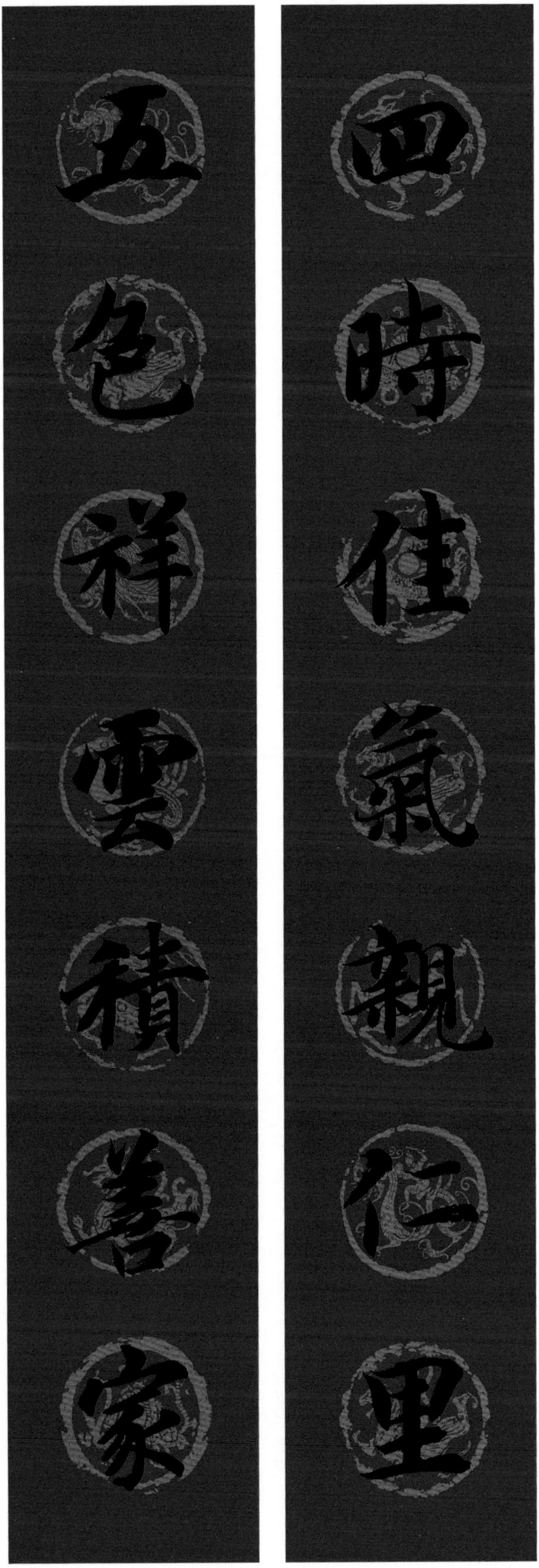
四時佳氣親仁里
五色祥雲積善家

四时佳气亲仁里
五色祥云积善家

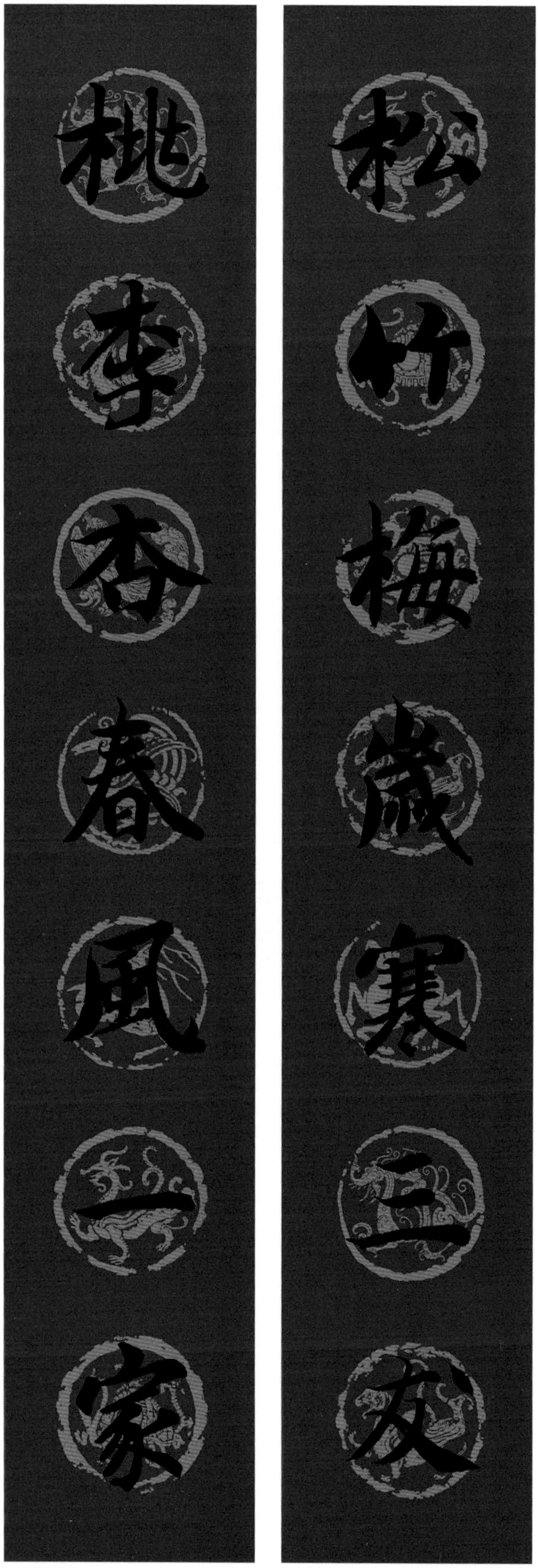

松竹梅岁寒三友
桃李杏春风一家

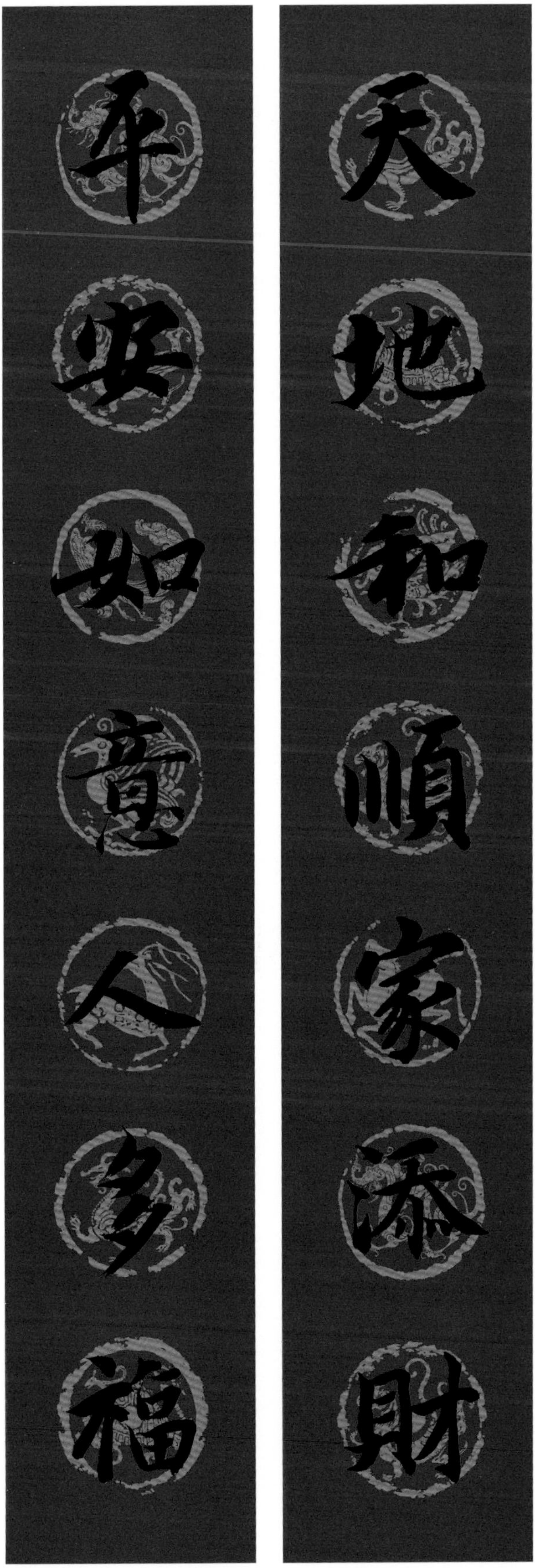

天地和顺家添财
平安如意人多福

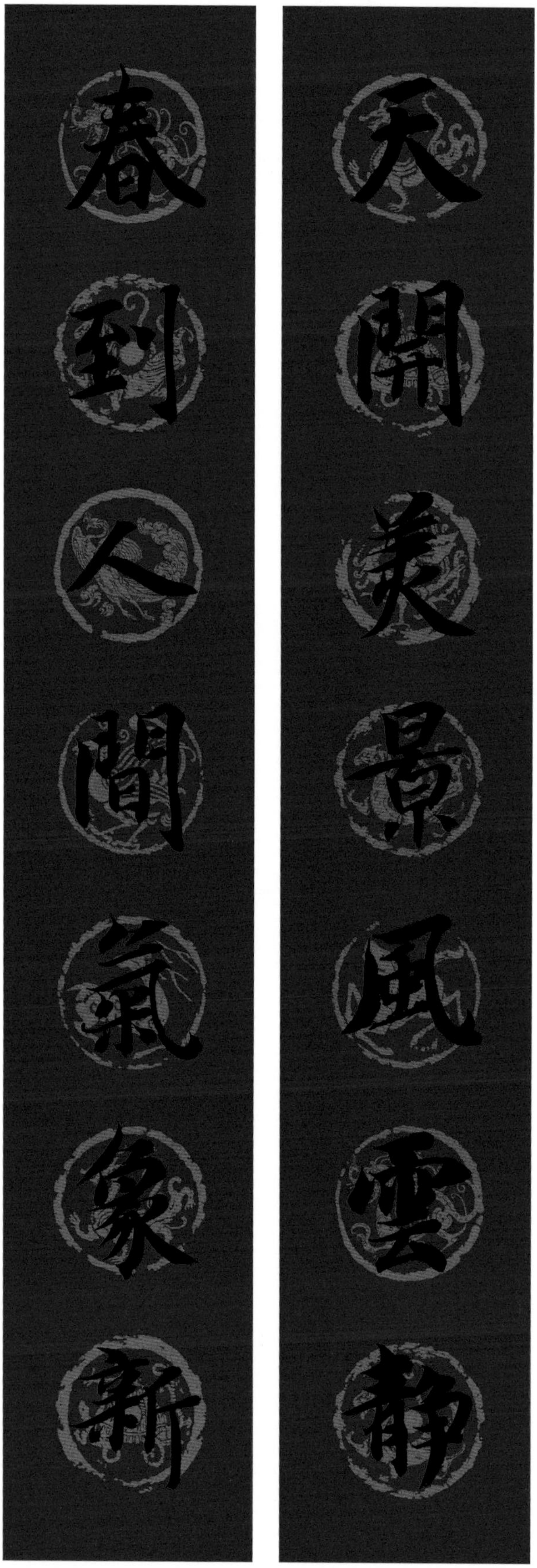

天开美景风云静
春到人间气象新

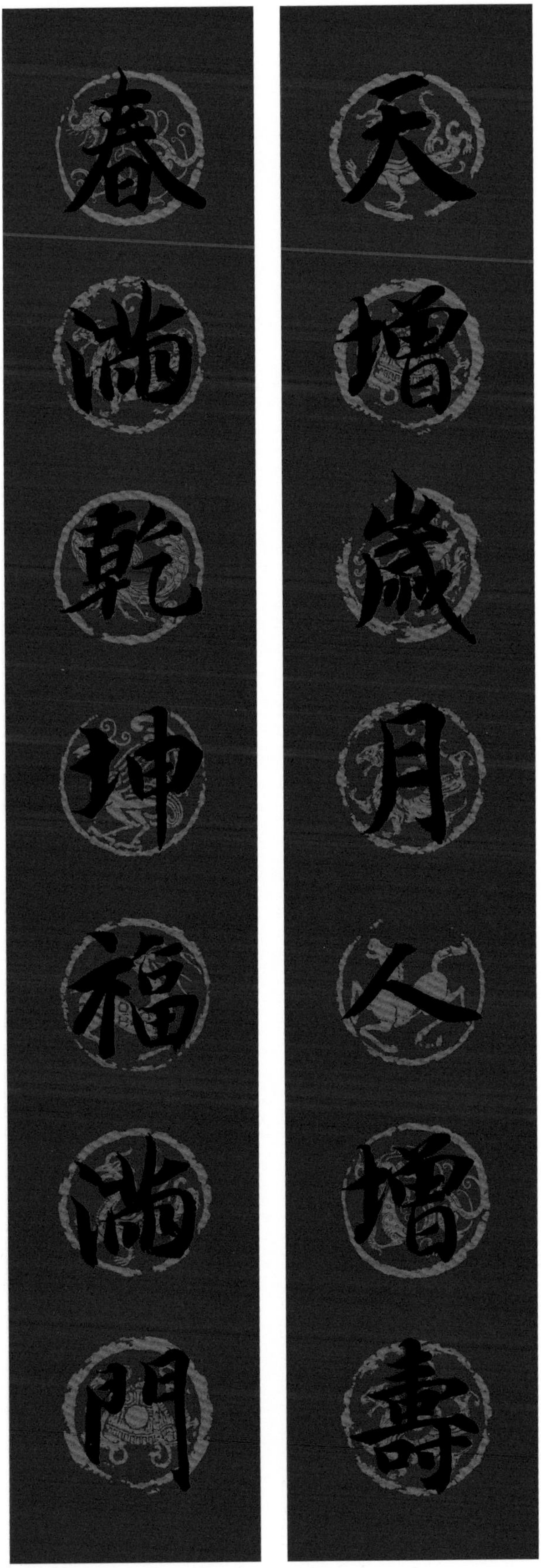

天增岁月人增寿
春满乾坤福满门

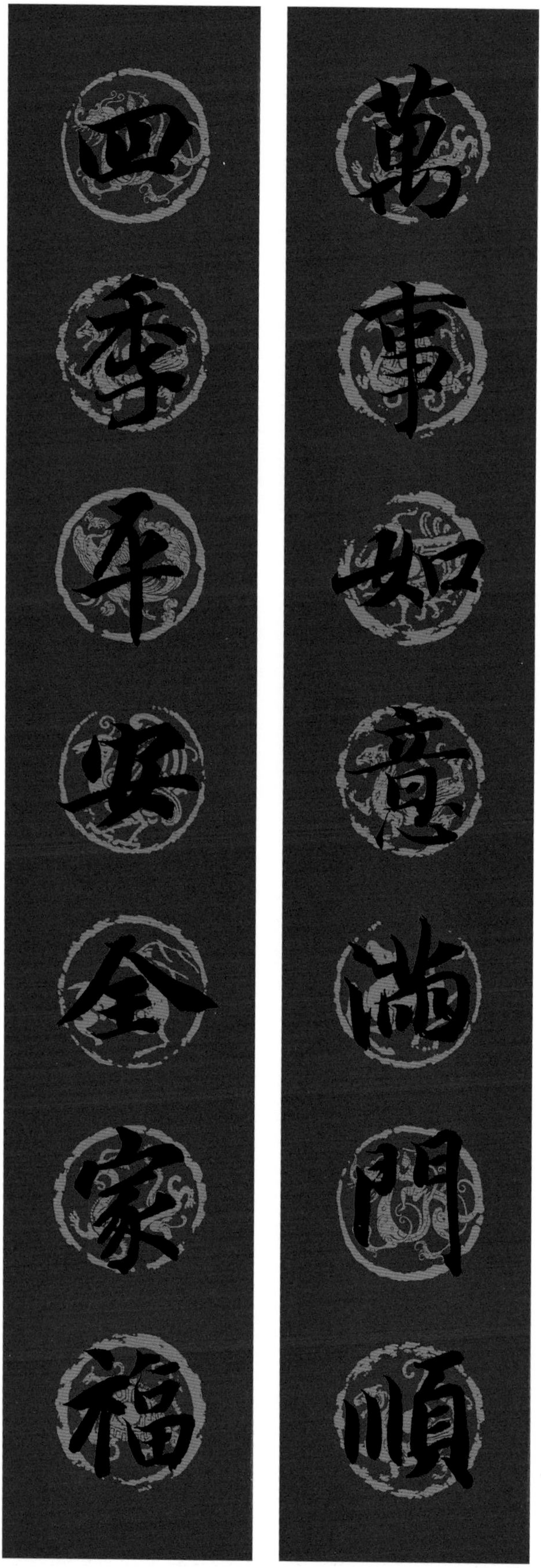

万事如意满门顺
四季平安全家福

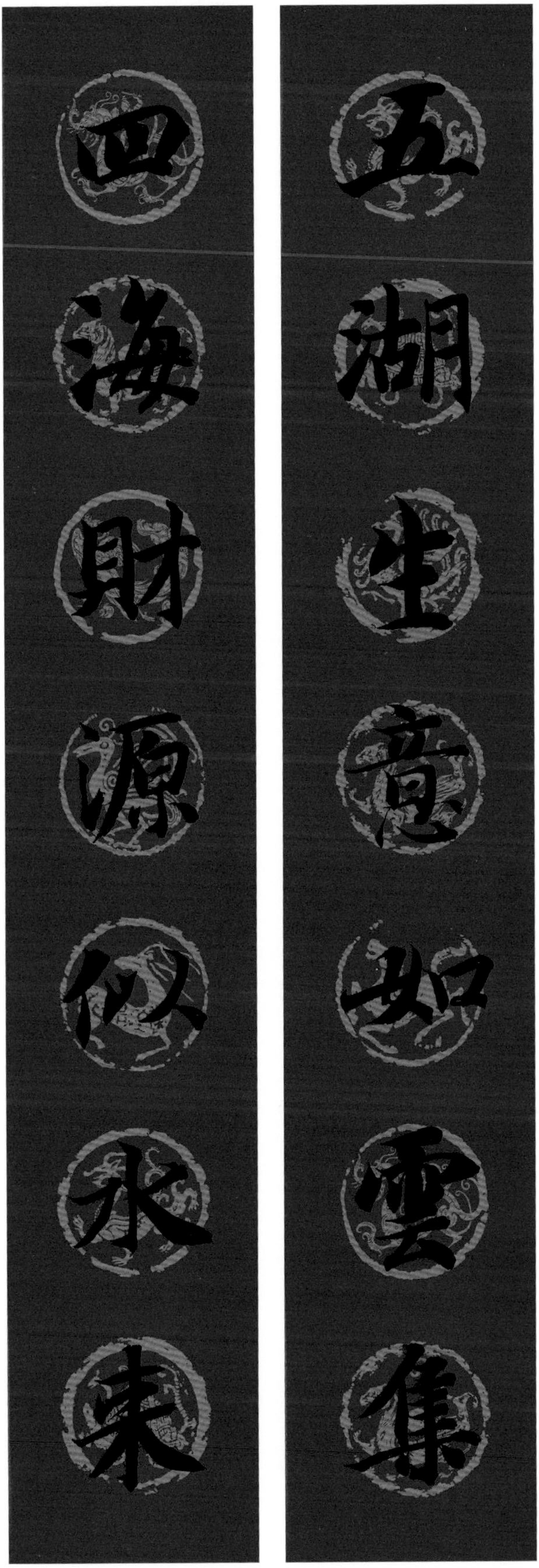

五湖生意如云集
四海财源似水来

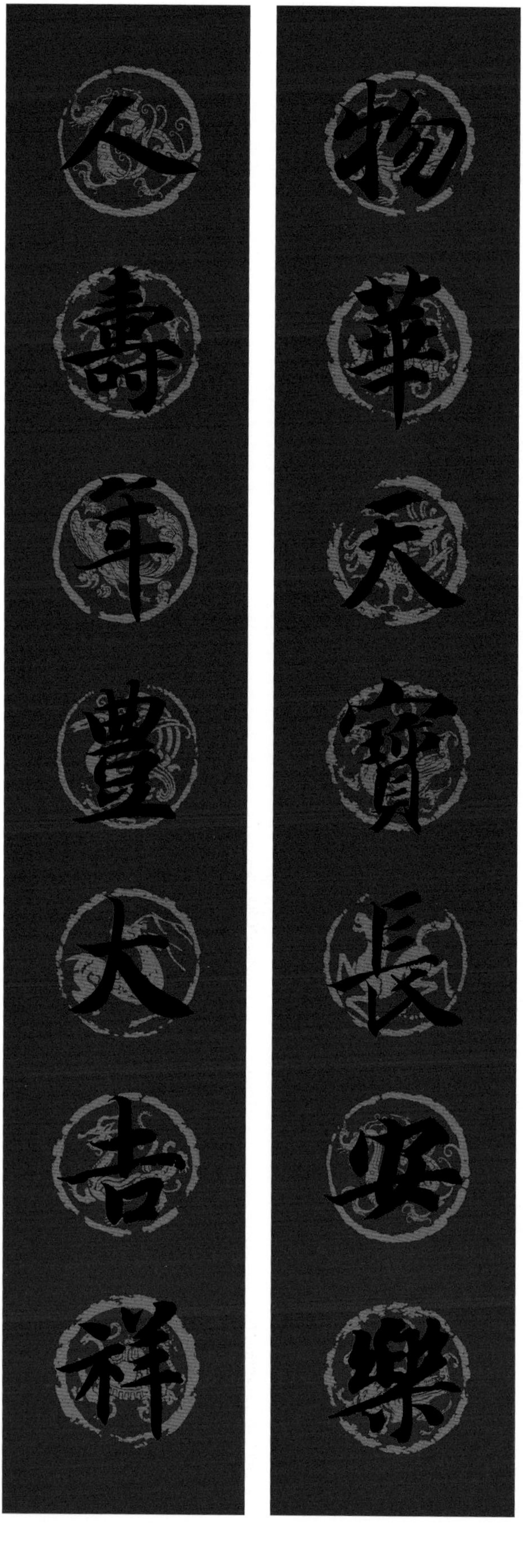
物華天寶長安樂
人壽年豐大吉祥

物华天宝长安乐
人寿年丰大吉祥

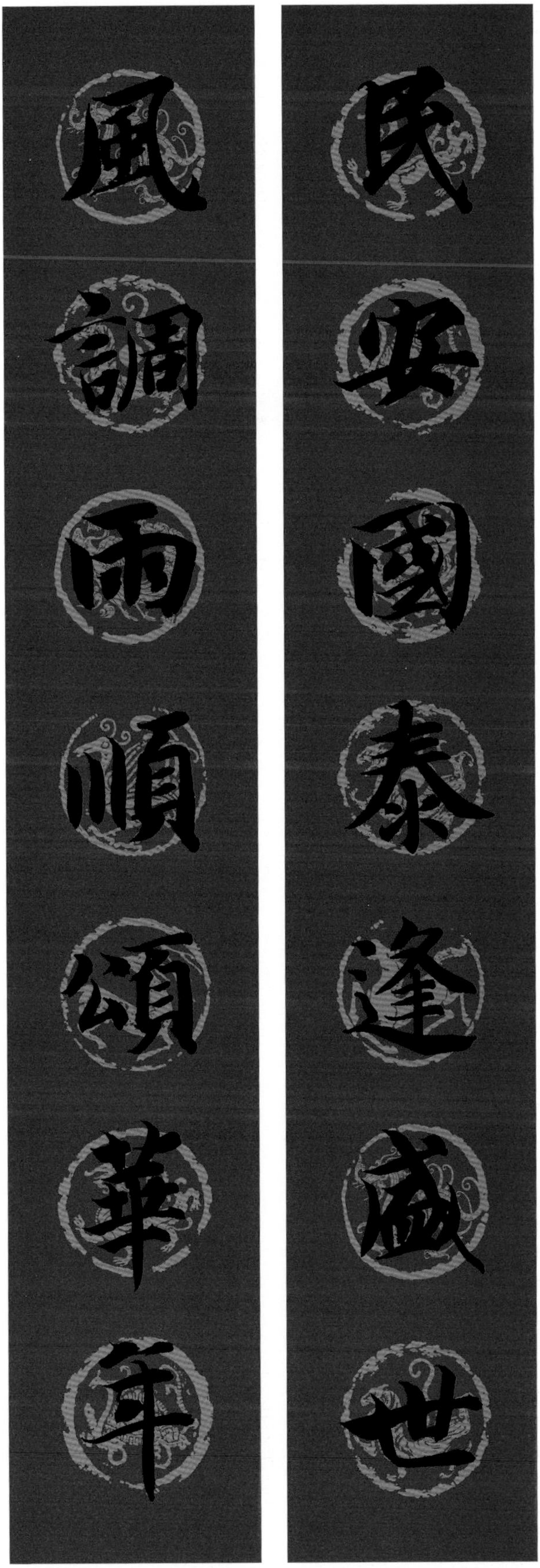

民安国泰逢盛世
风调雨顺颂华年

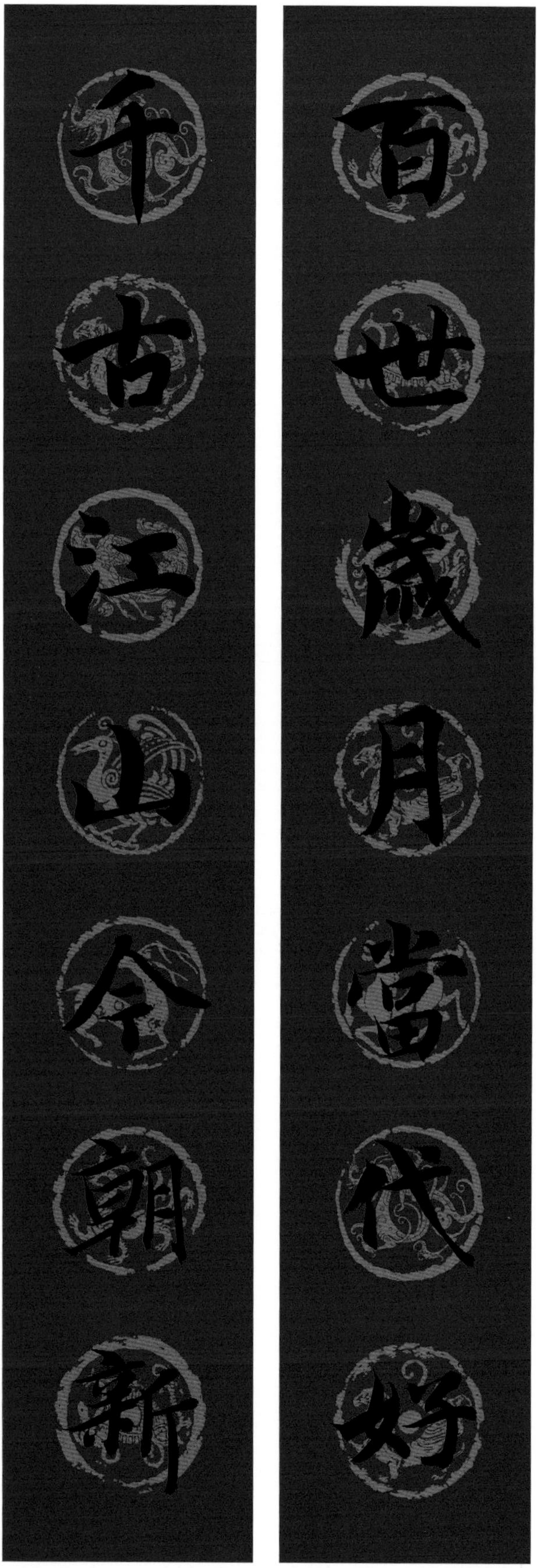

百世岁月当代好
千古江山今朝新

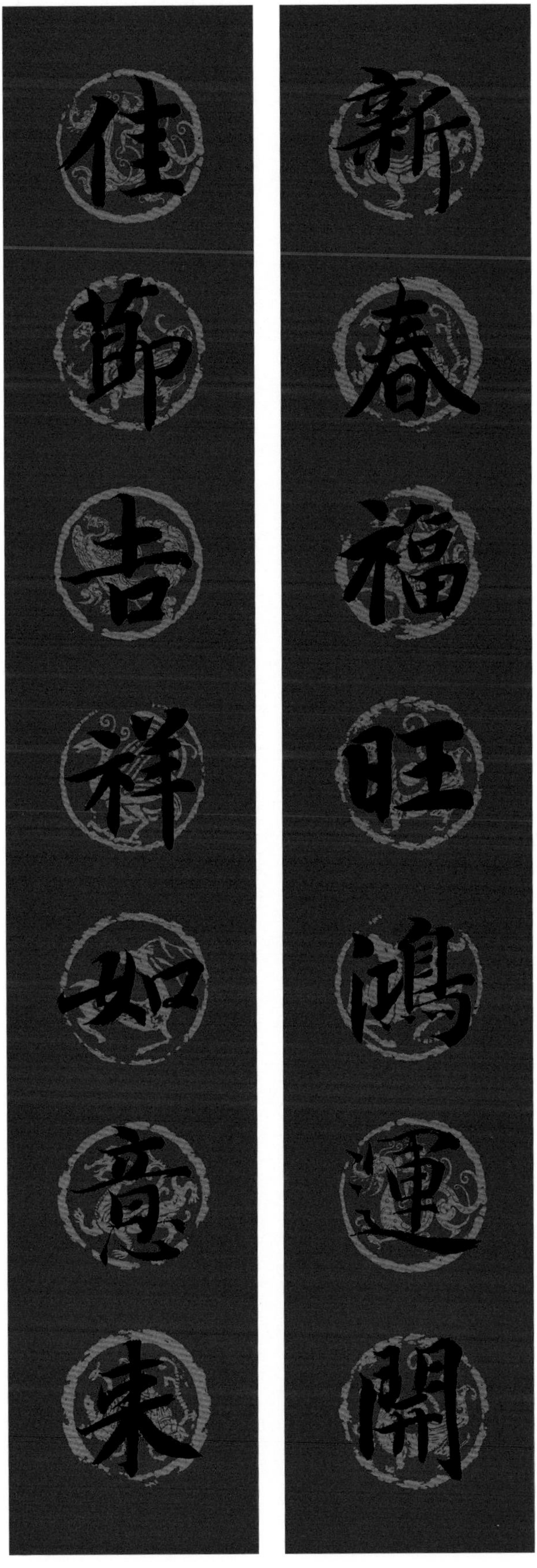

新春福旺鸿运开
佳节吉祥如意来

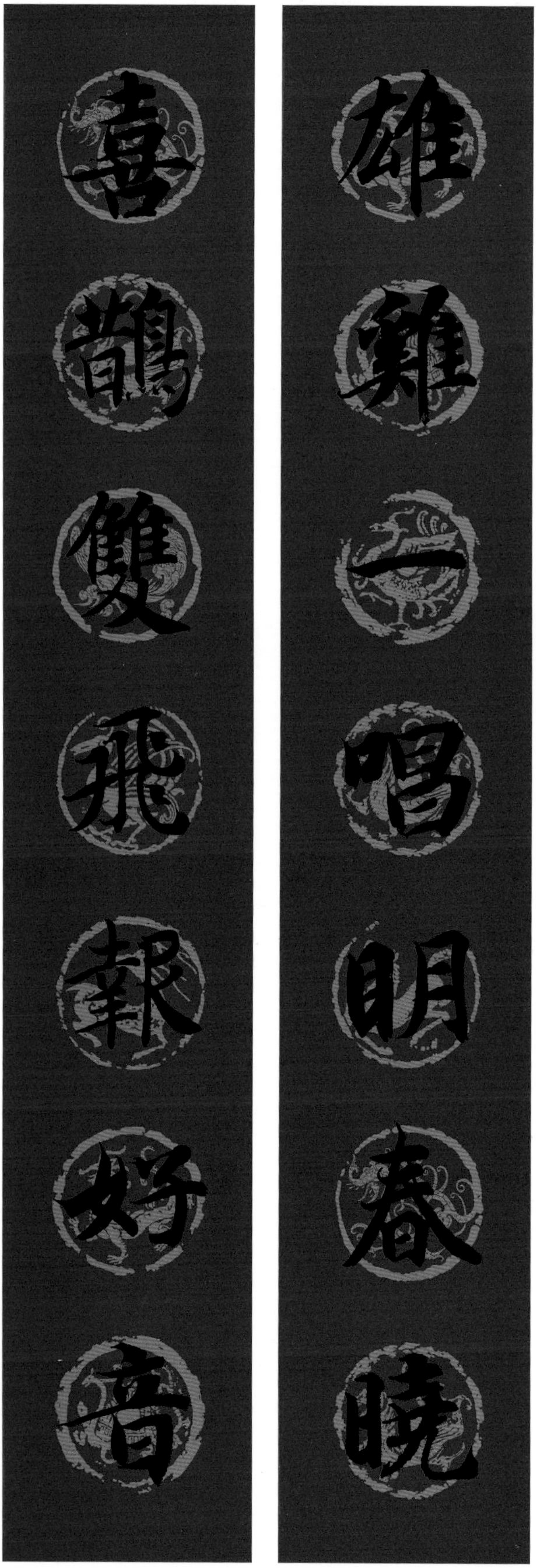

雄鸡一唱明春晓

喜鹊双飞报好音

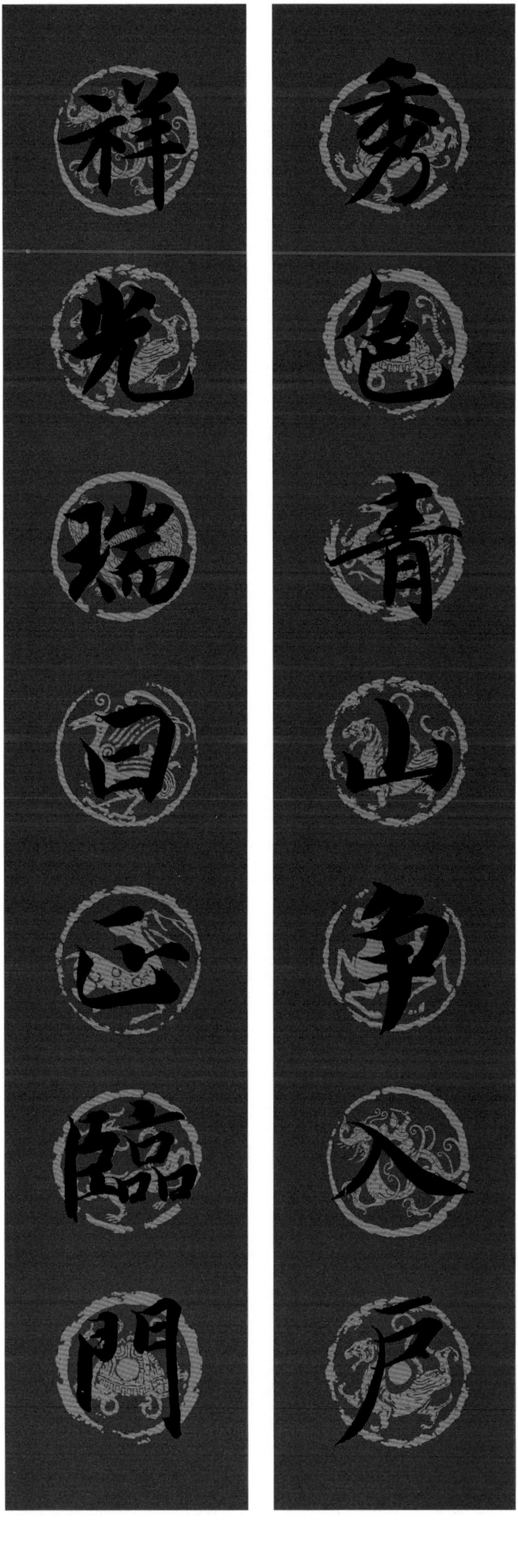

秀色青山争入户
祥光瑞日正临门

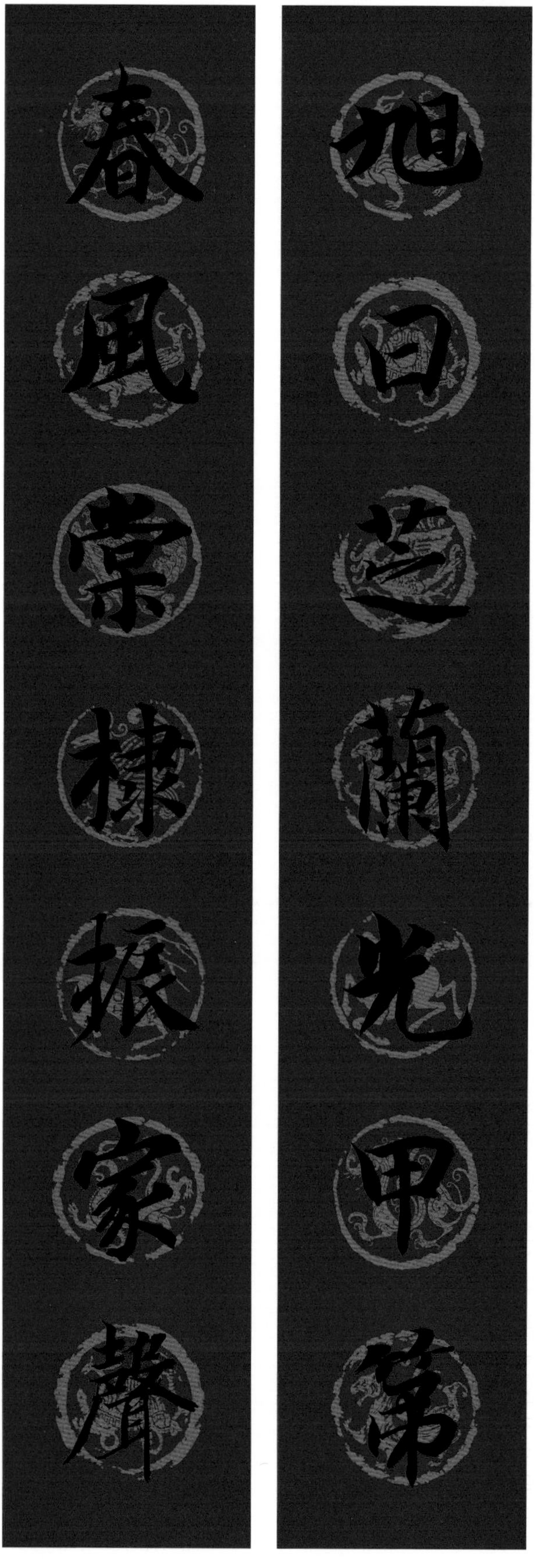

旭日芝兰光甲第
春风棠棣振家声

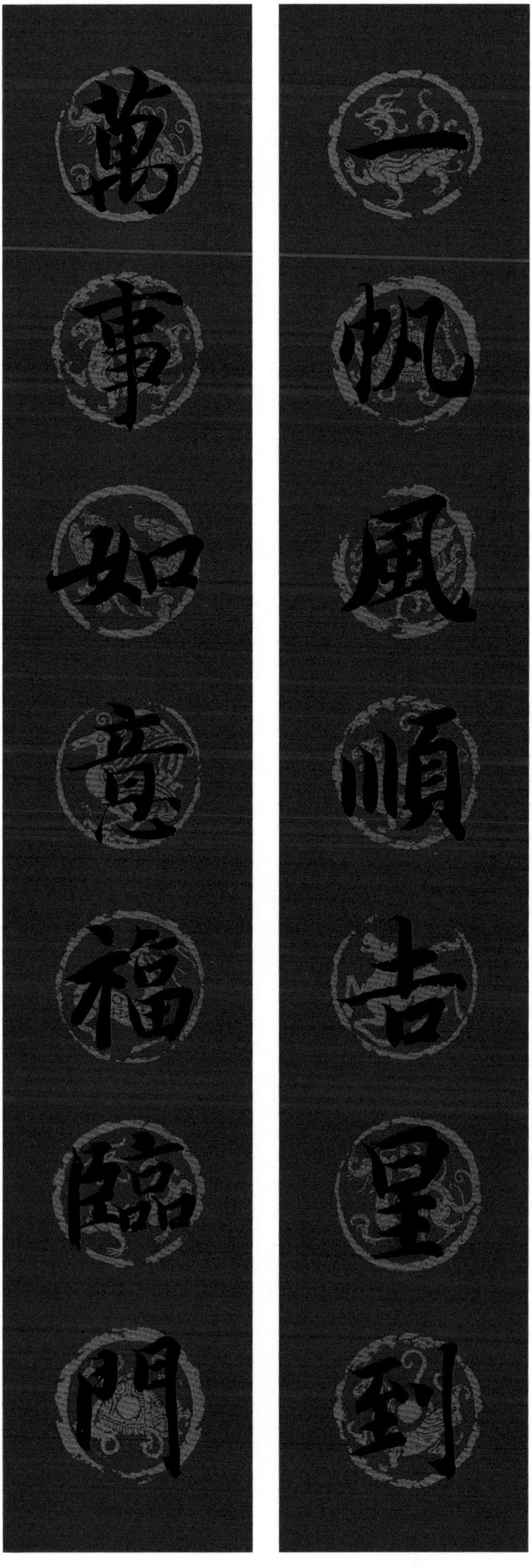

一帆风顺吉星到
万事如意福临门

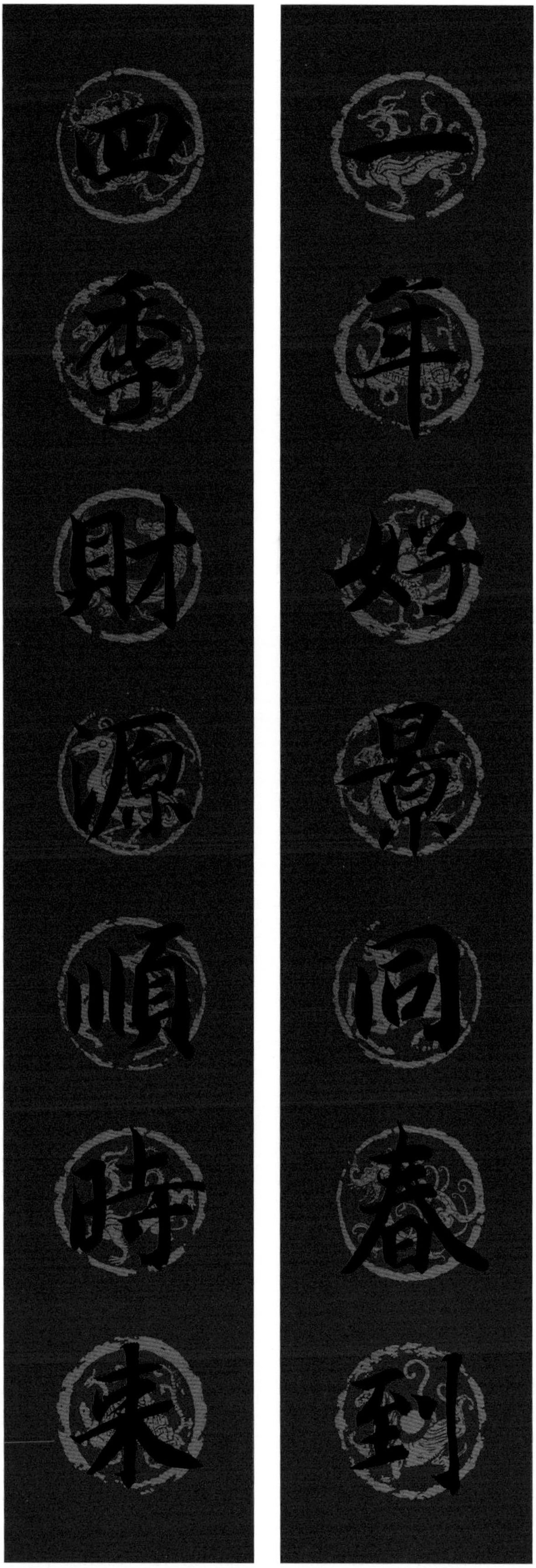

一年好景同春到
四季财源顺时来

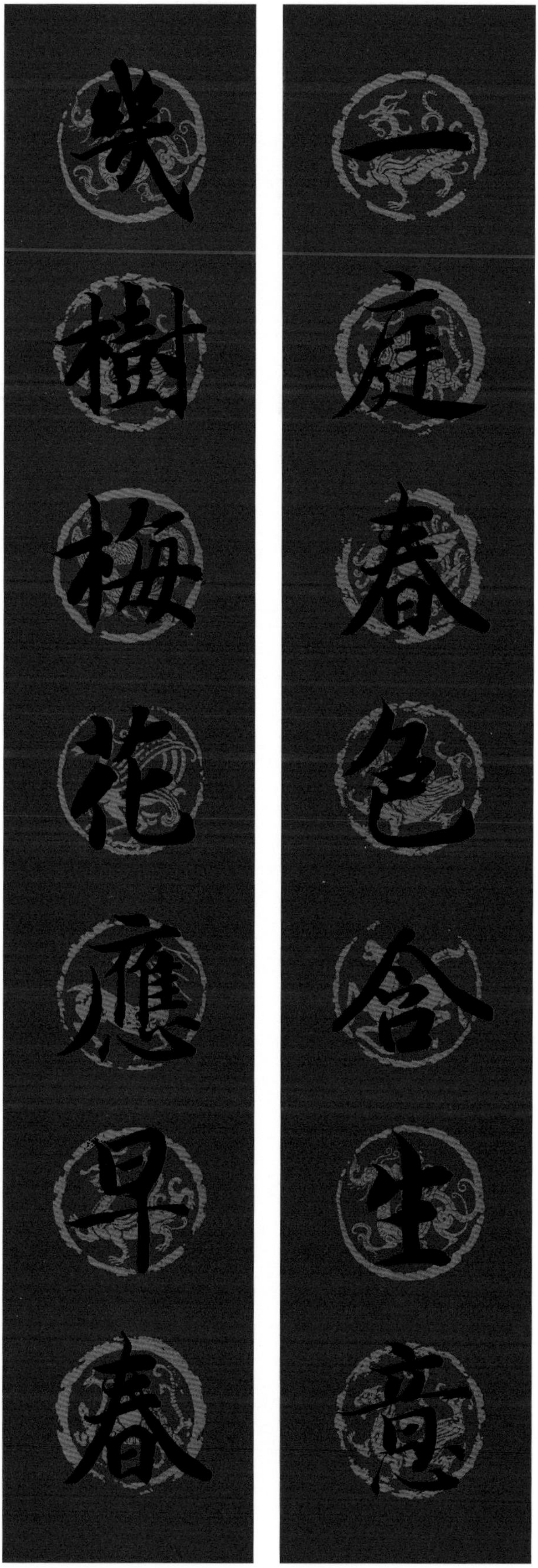

一庭春色含生意
几树梅花应早春

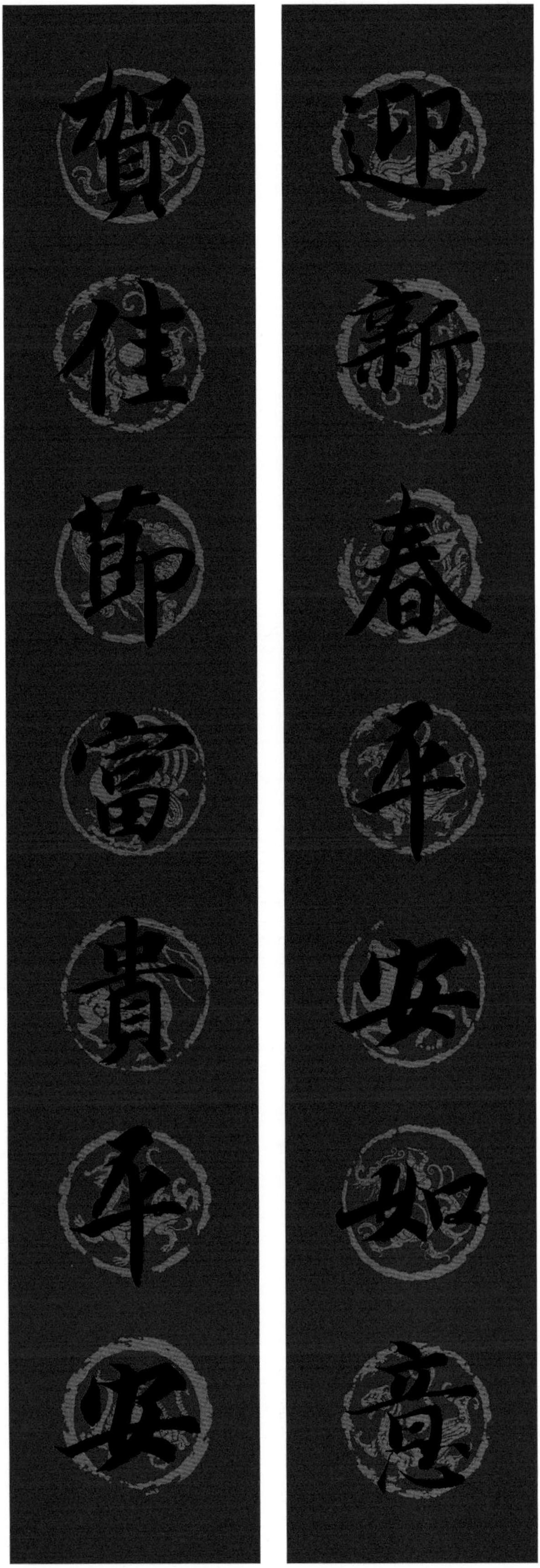

迎新春平安如意
贺佳节富贵平安

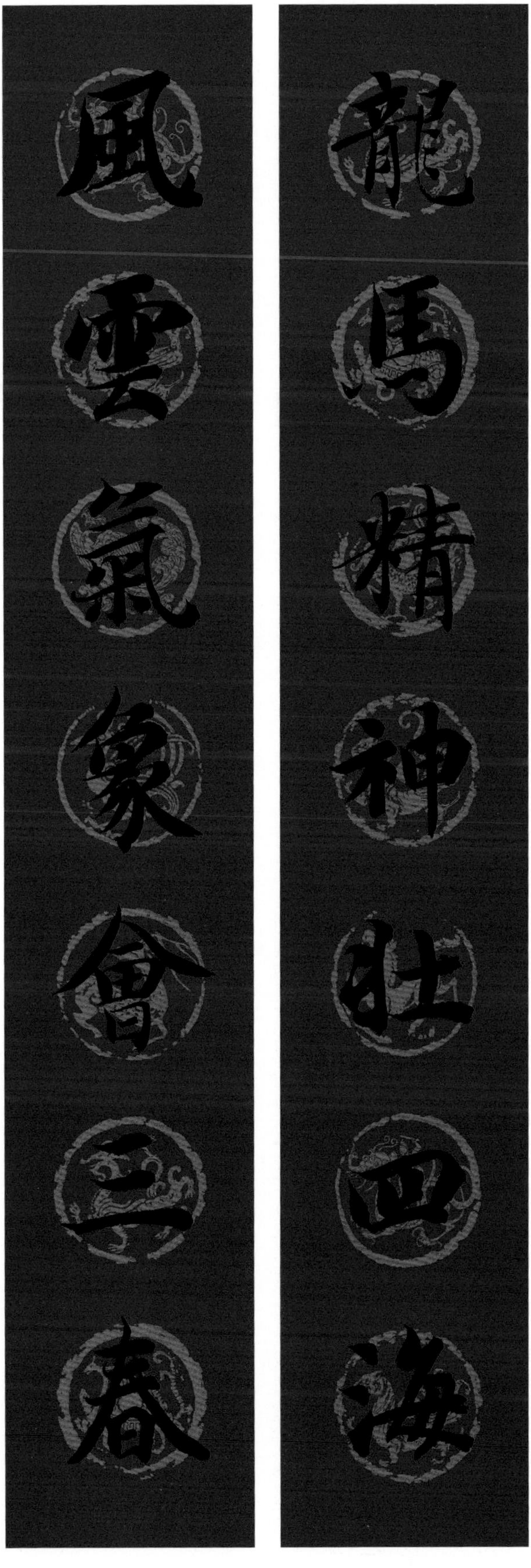

龙马精神壮四海
风云气象会三春

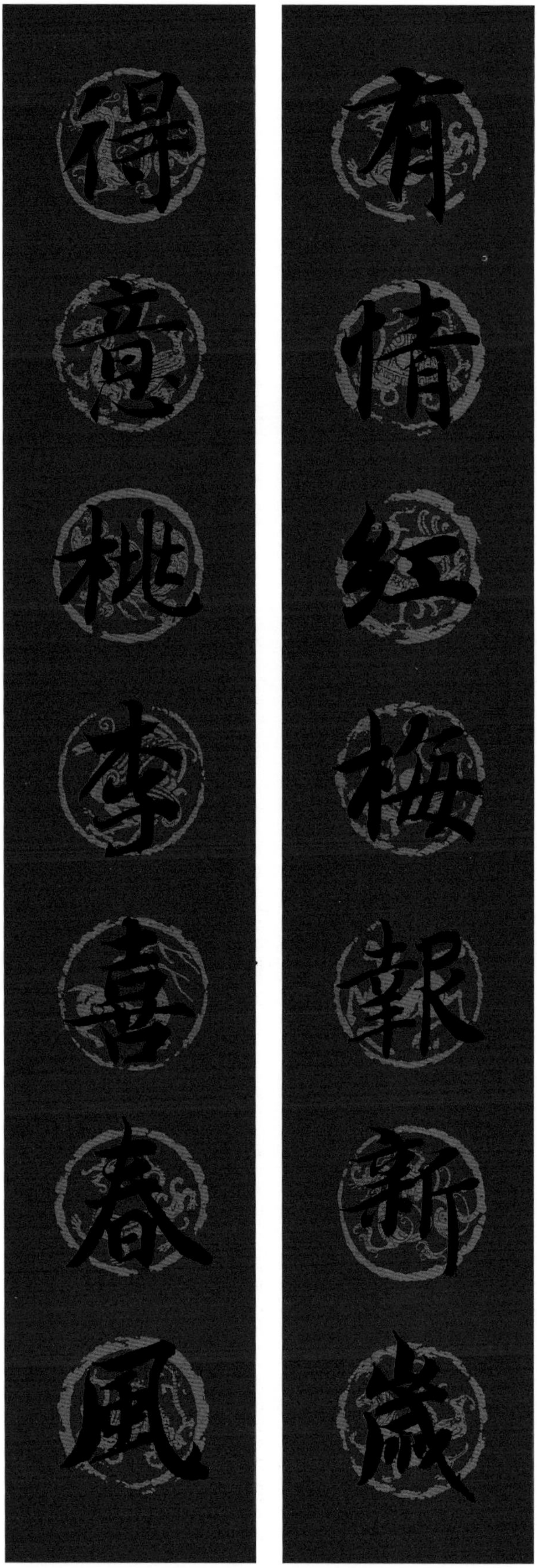

有情红梅报新岁
得意桃李喜春风

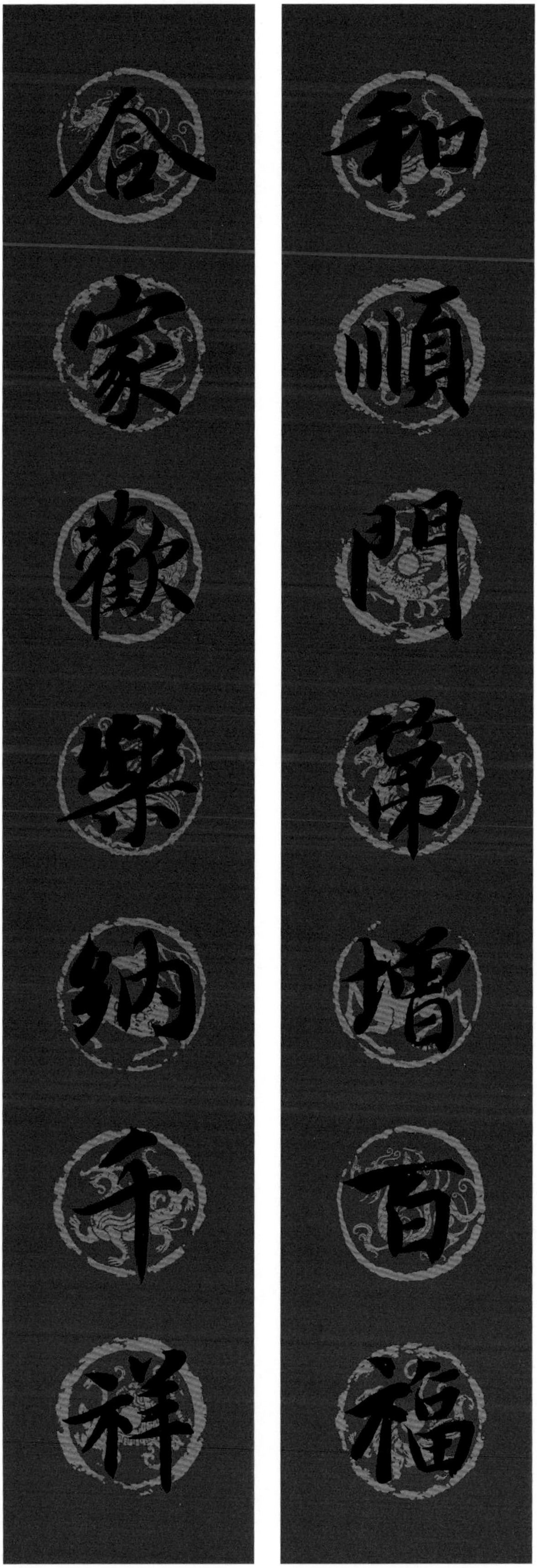

和顺门第增百福
合家欢乐纳千祥

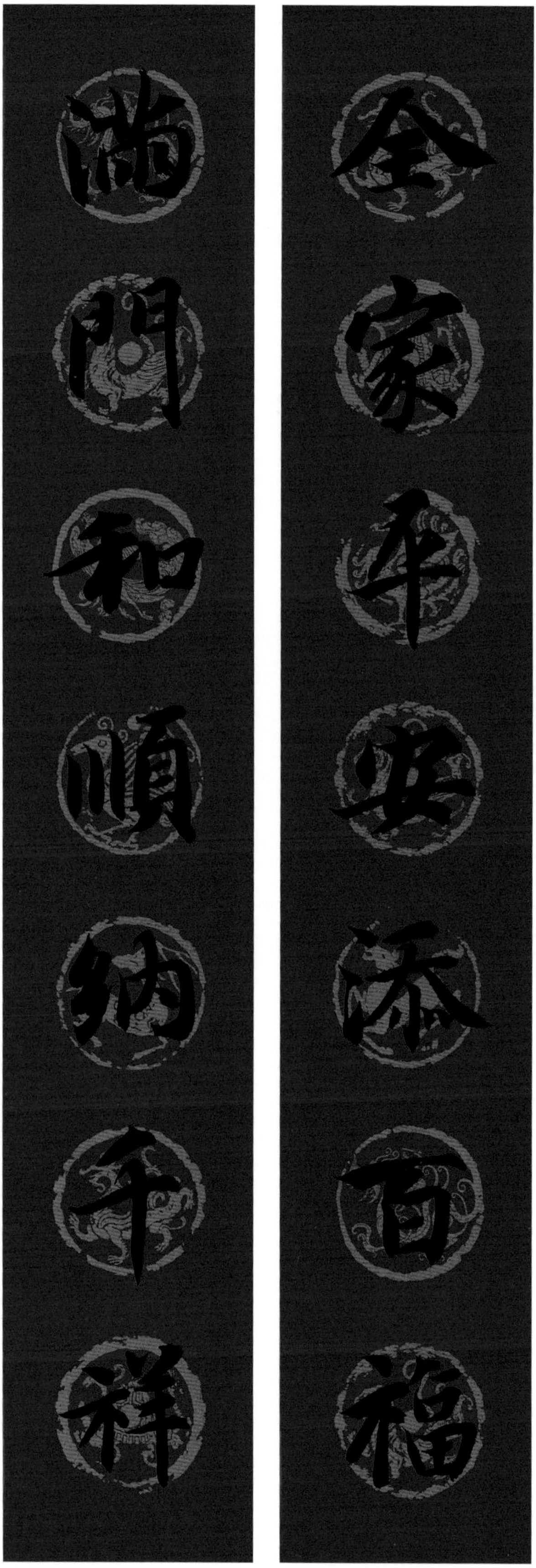

全家平安添百福
满门和顺纳千祥

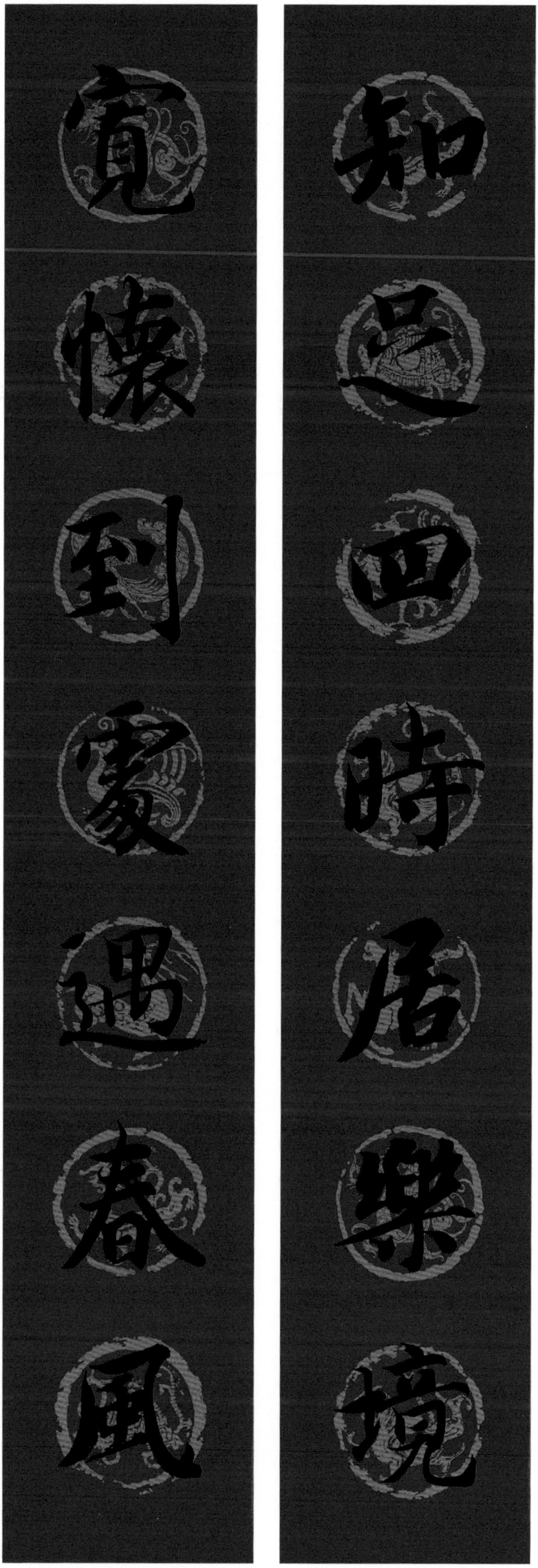

知足四时居乐境
宽怀到处遇春风

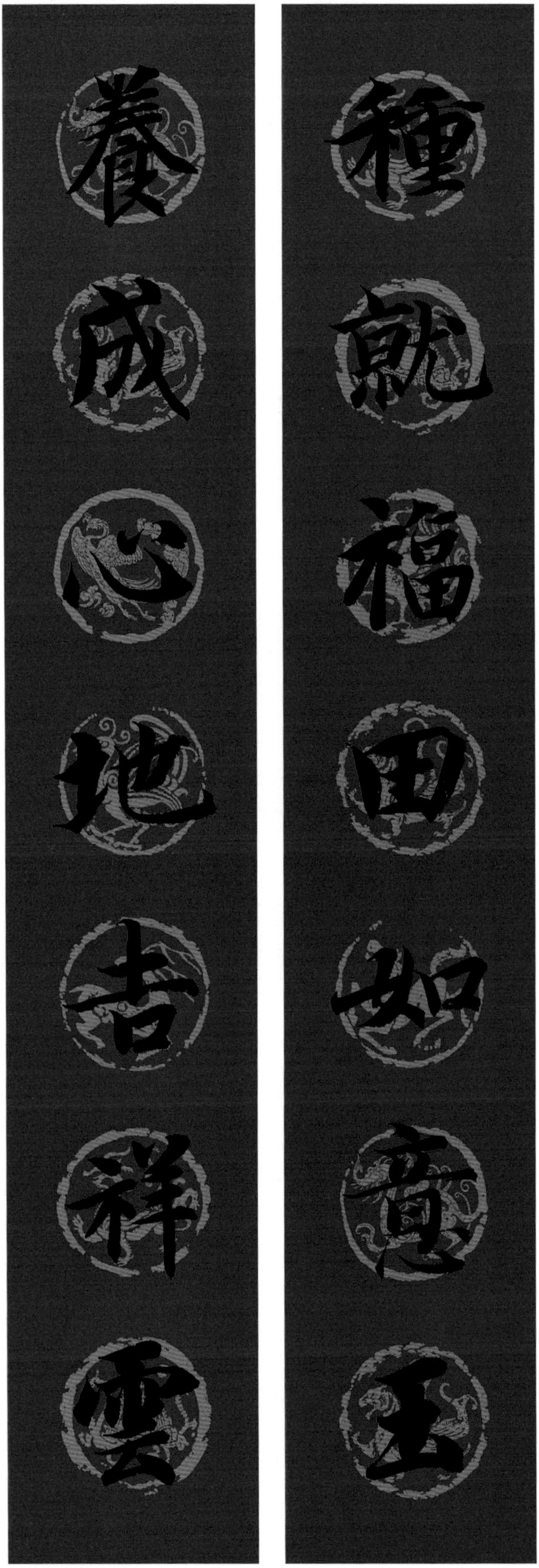

种就福田如意玉
养成心地吉祥云

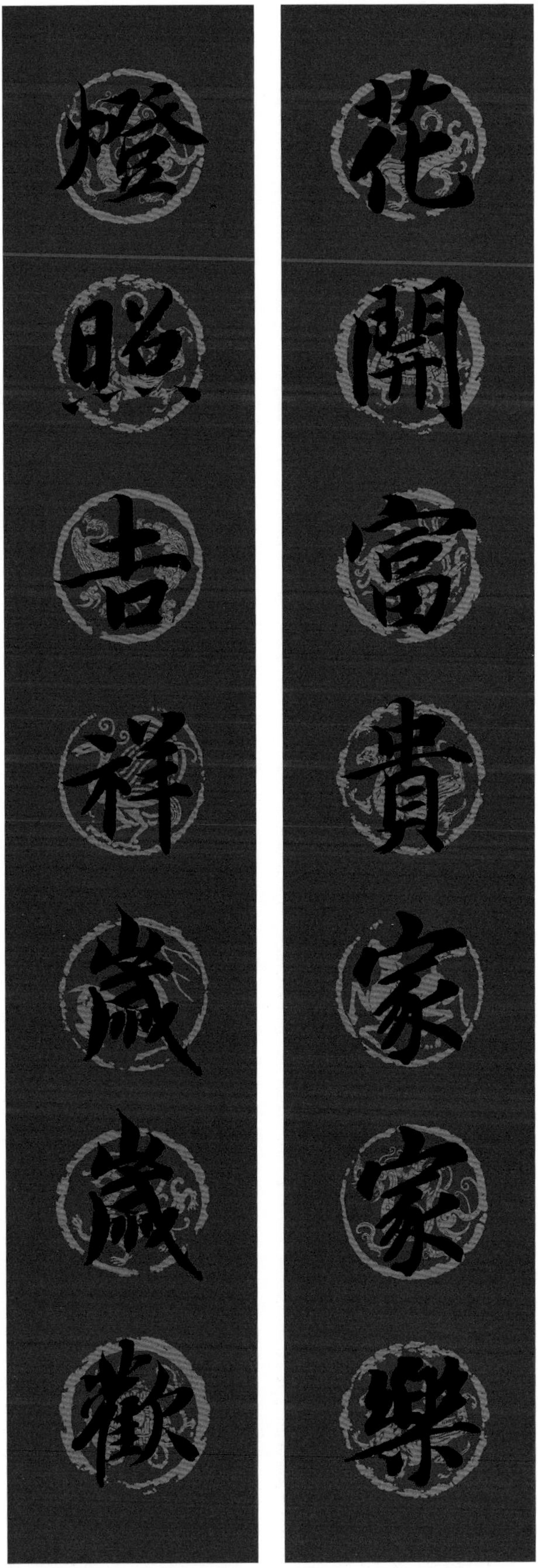

花开富贵家家乐
灯照吉祥岁岁欢

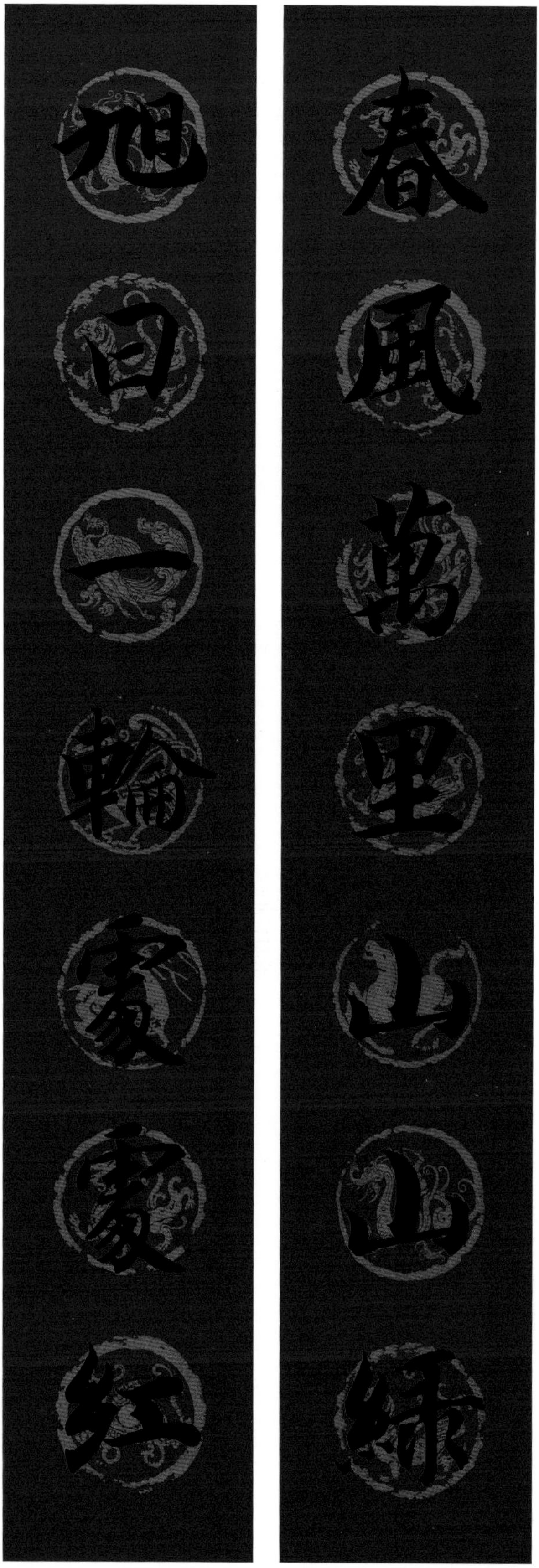

春风万里山山绿
旭日一轮处处红

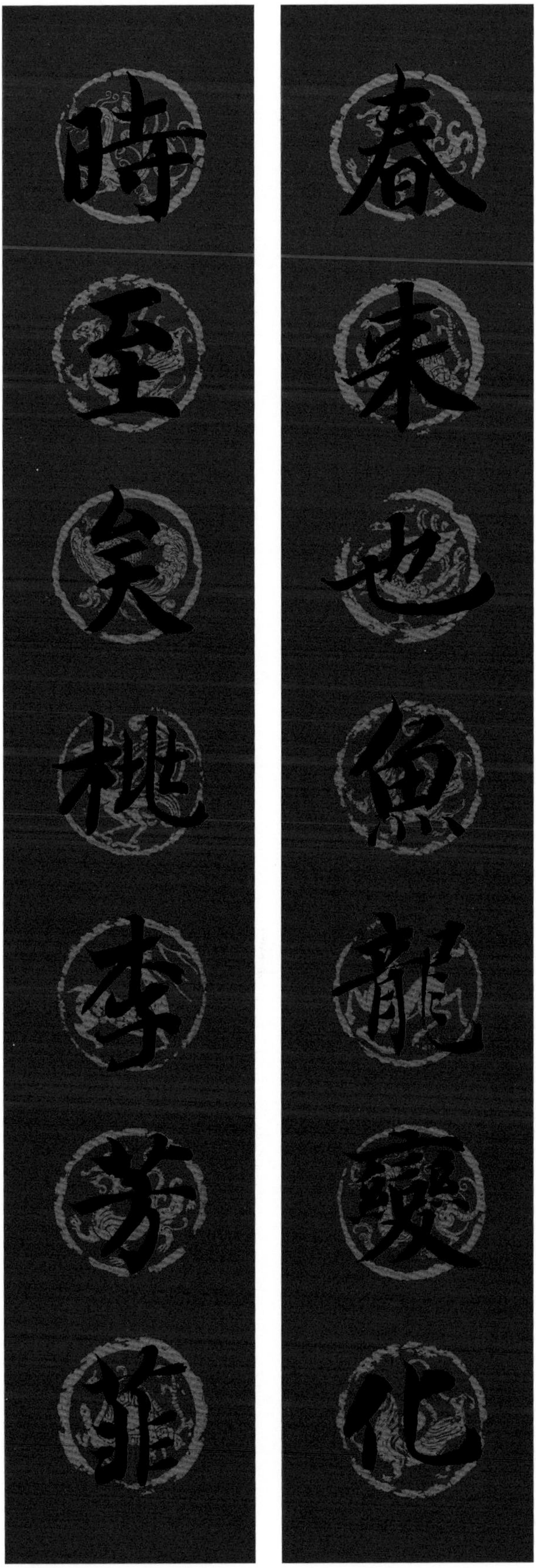

春来也鱼龙变化
时至矣桃李芳菲

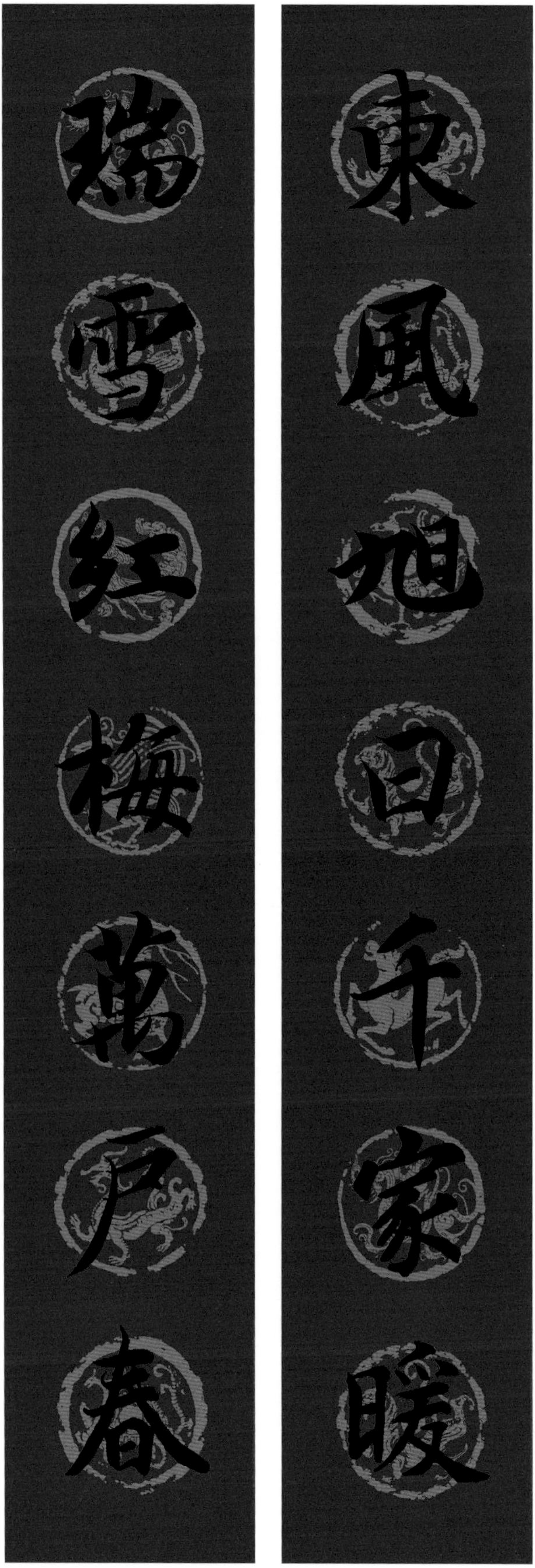

东风旭日千家暖
瑞雪红梅万户春

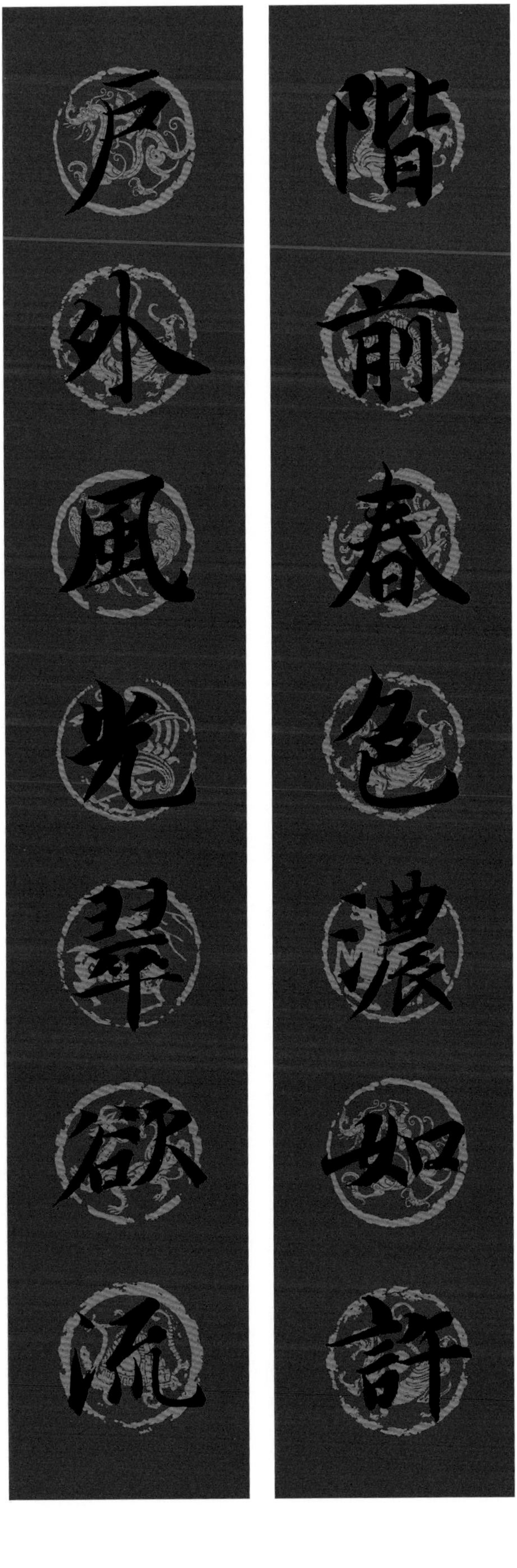

阶前春色浓如许
户外风光翠欲流

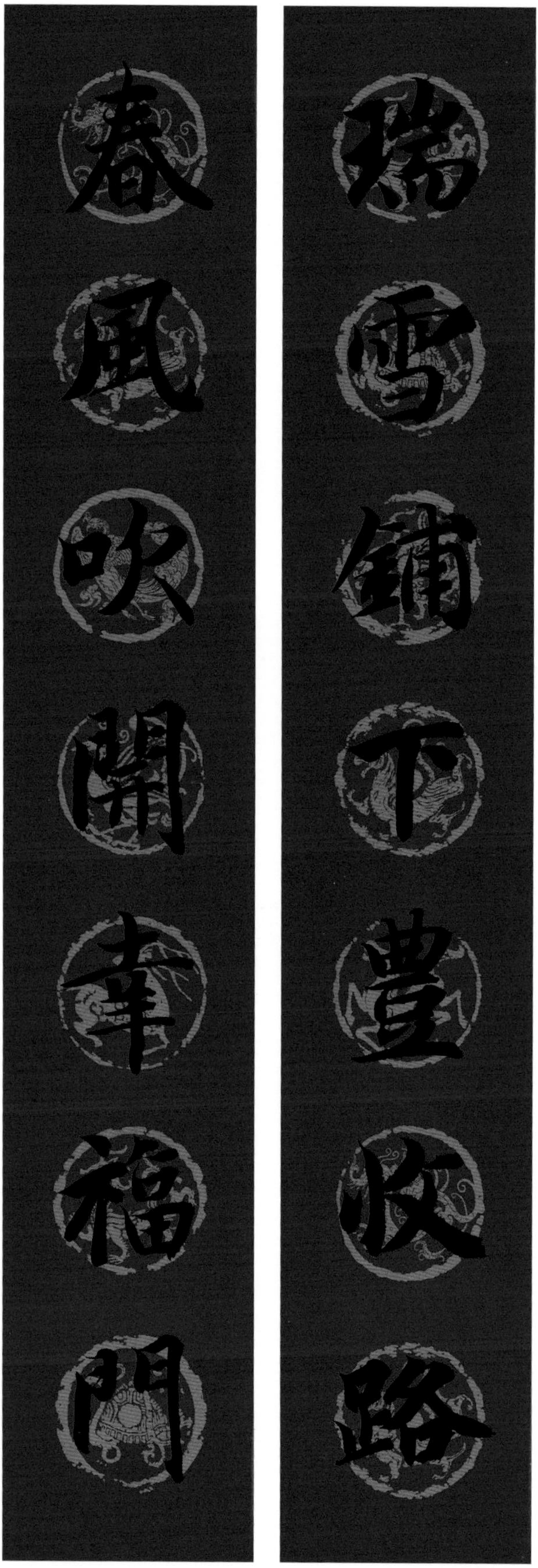

瑞雪铺下丰收路
春风吹开幸福门

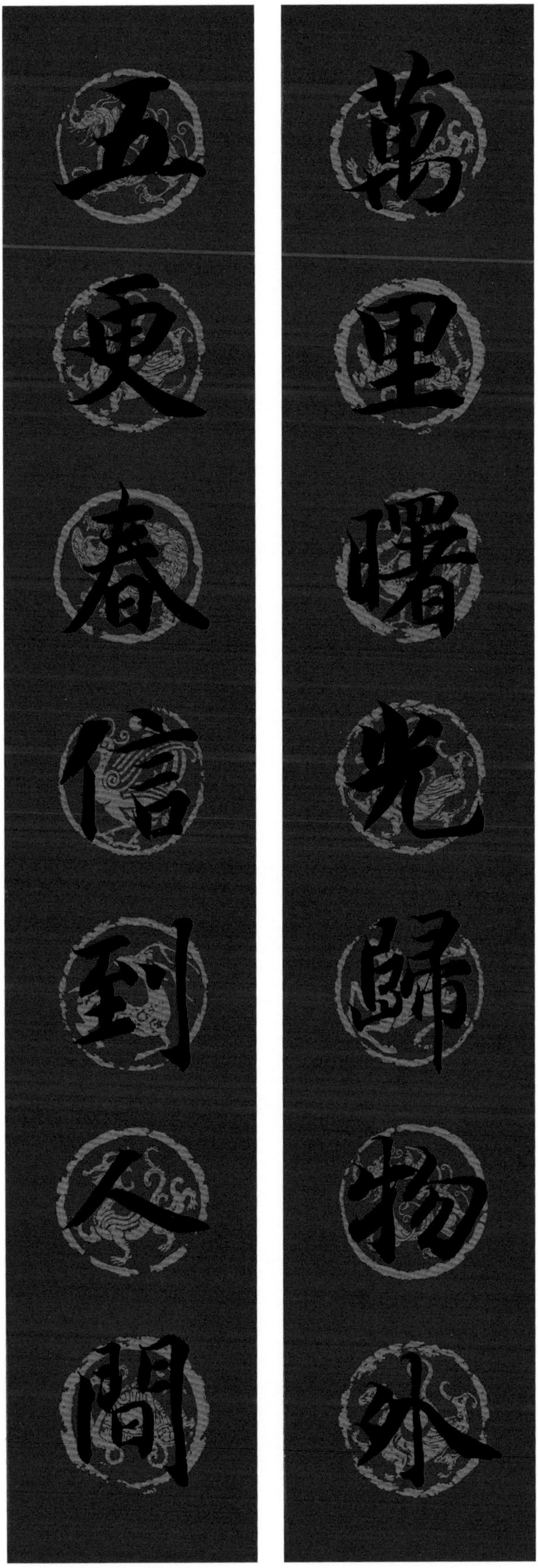

万里曙光归物外
五更春信到人间

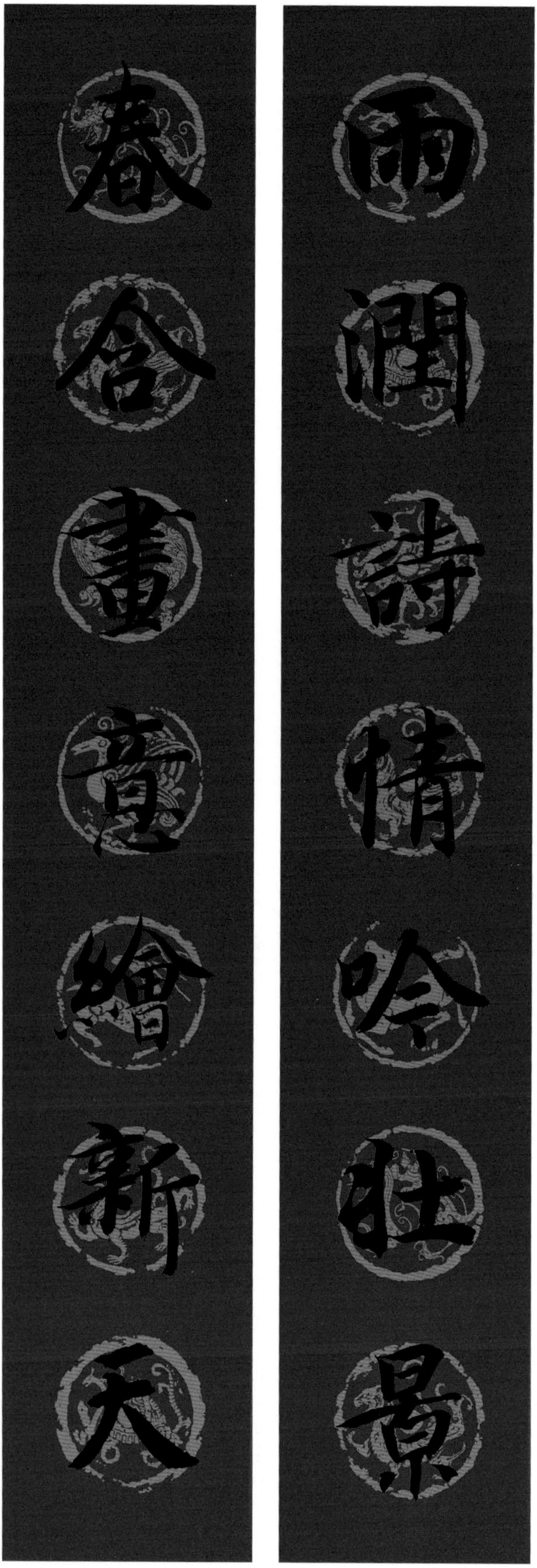

雨润诗情吟壮景
春含画意绘新天

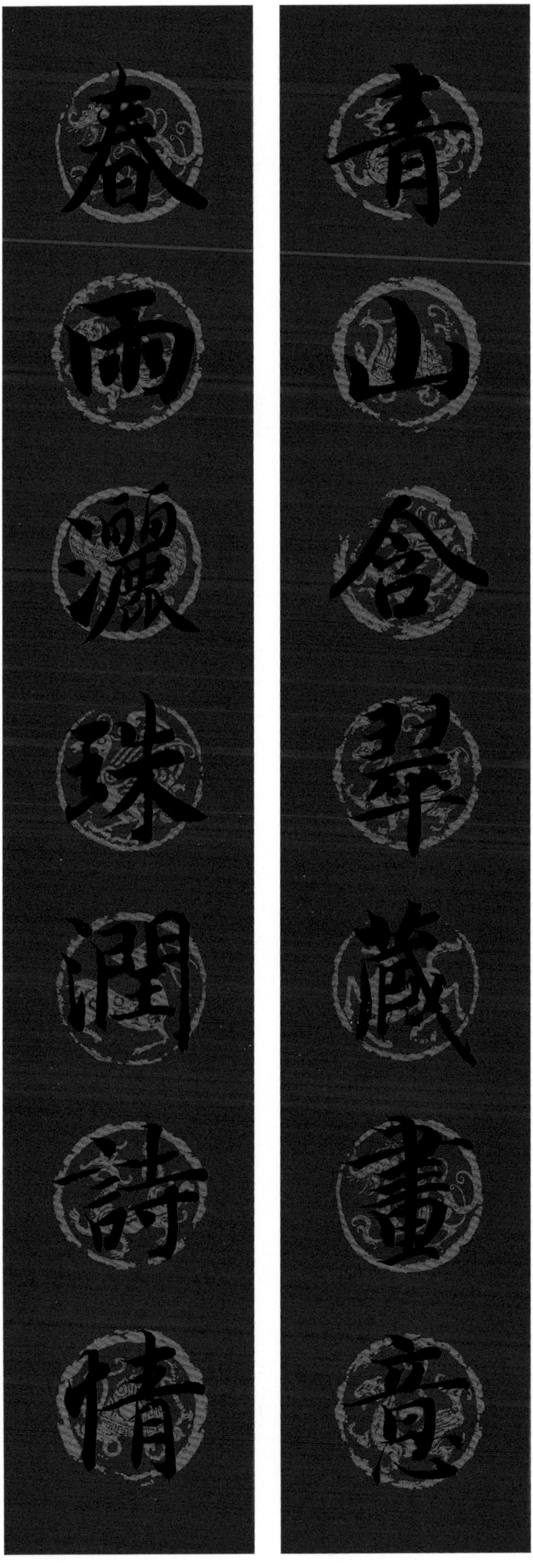

青山含翠藏画意
春雨洒珠润诗情

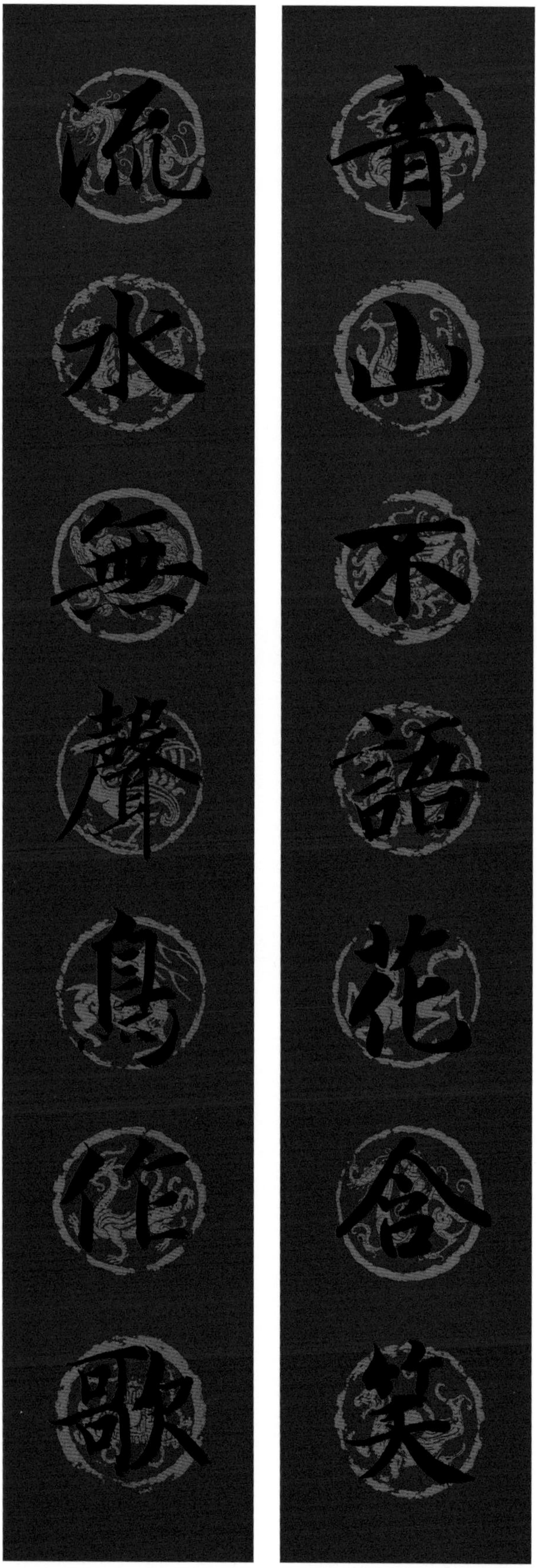

青山不语花含笑
流水无声鸟作歌

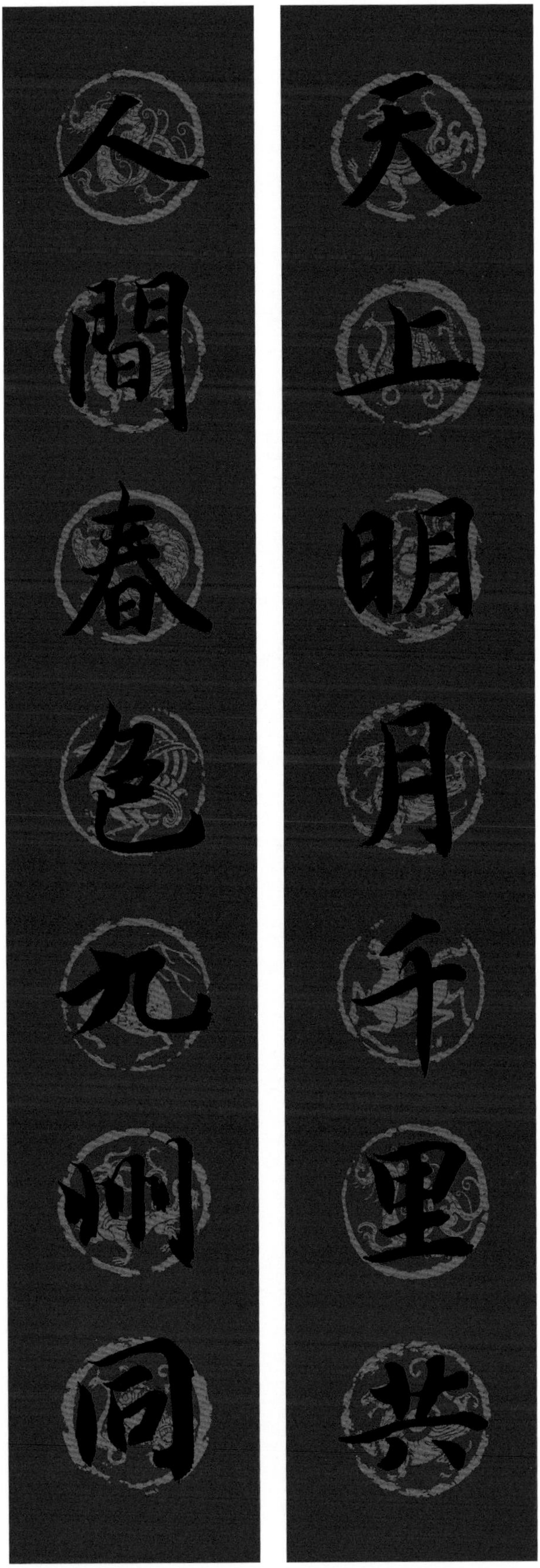

天上明月千里共
人间春色九州同

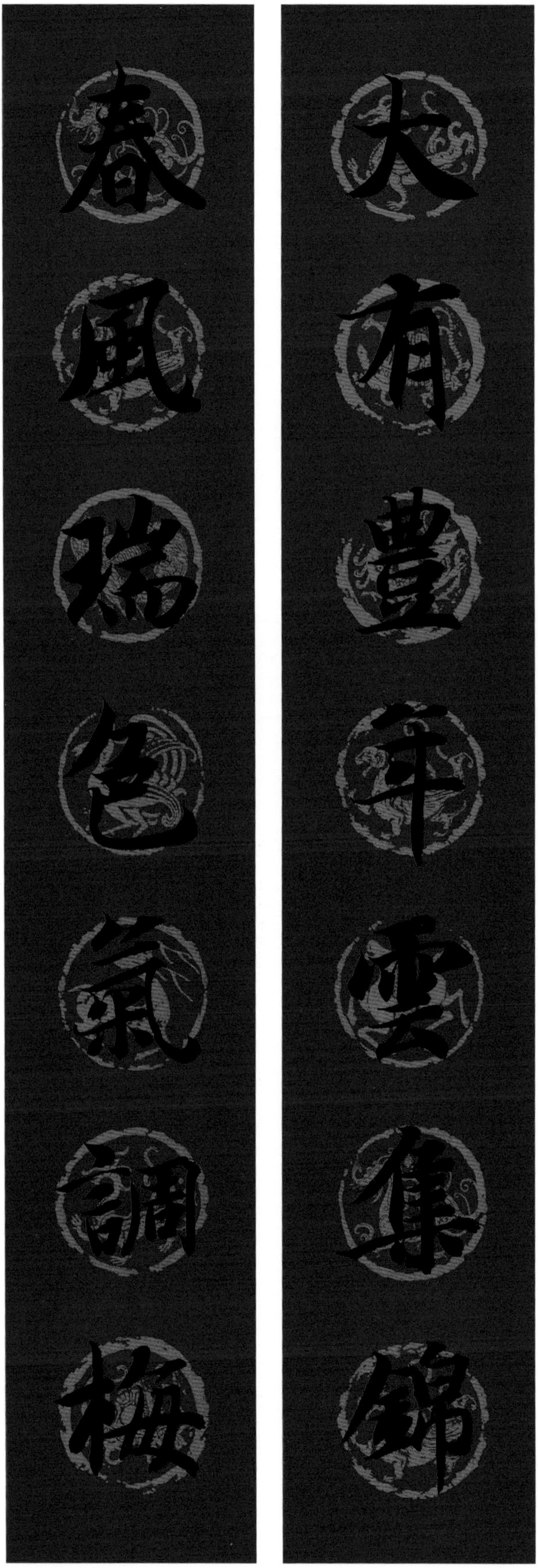

大有丰年云集锦
春风瑞色气调梅

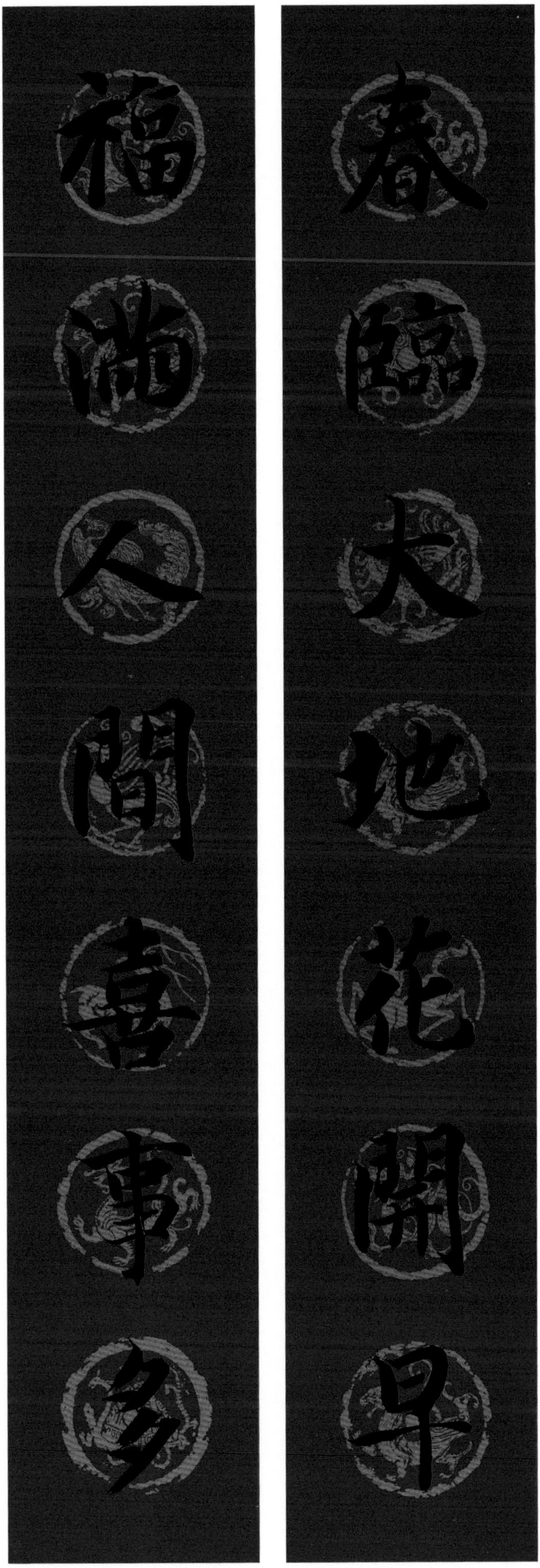

春临大地花开早
福满人间喜事多

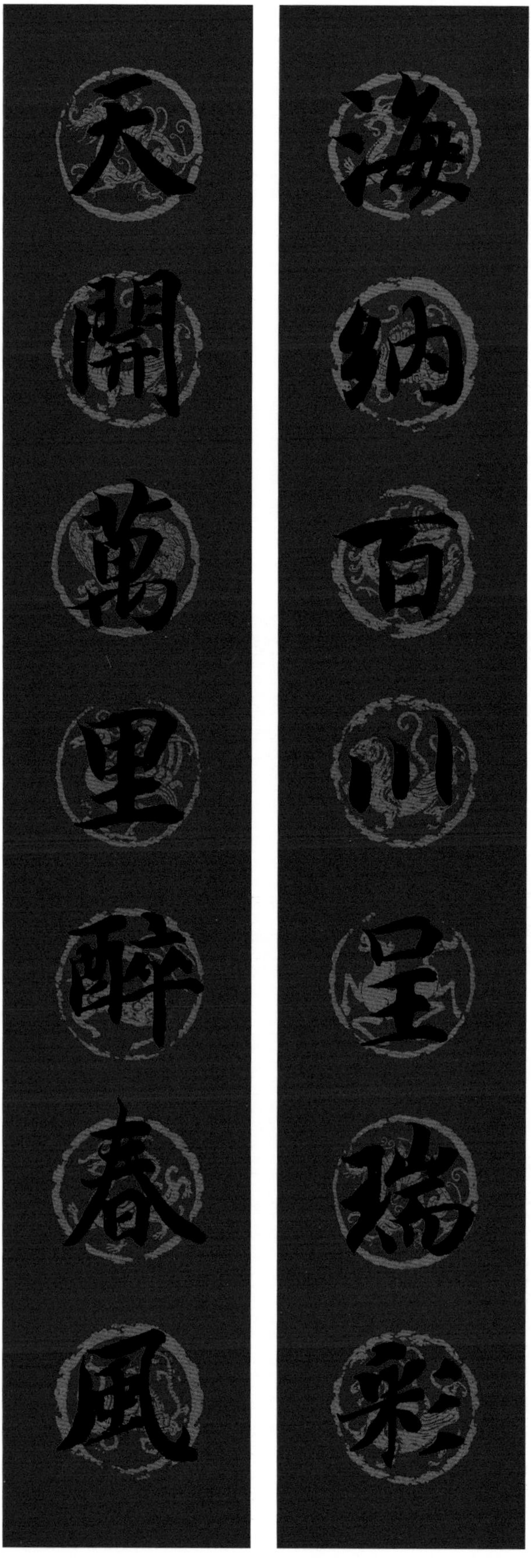

海纳百川呈瑞彩
天开万里醉春风

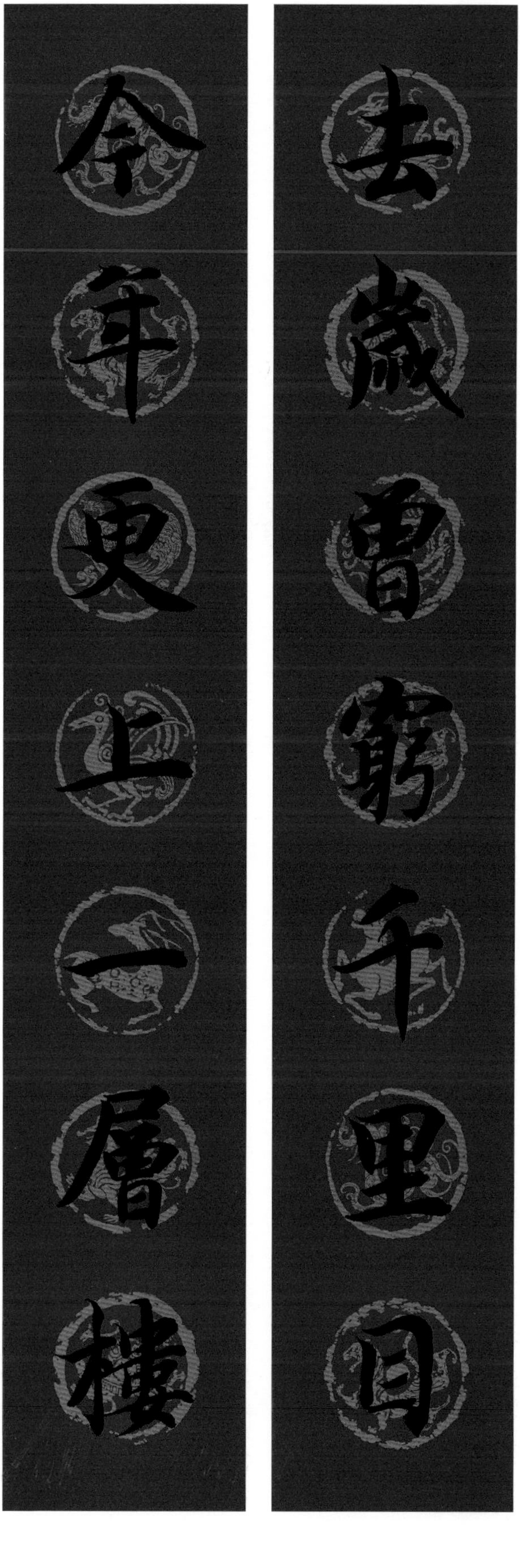
去歲曾窮千里目
今年更上一層樓

去岁曾穷千里目
今年更上一层楼

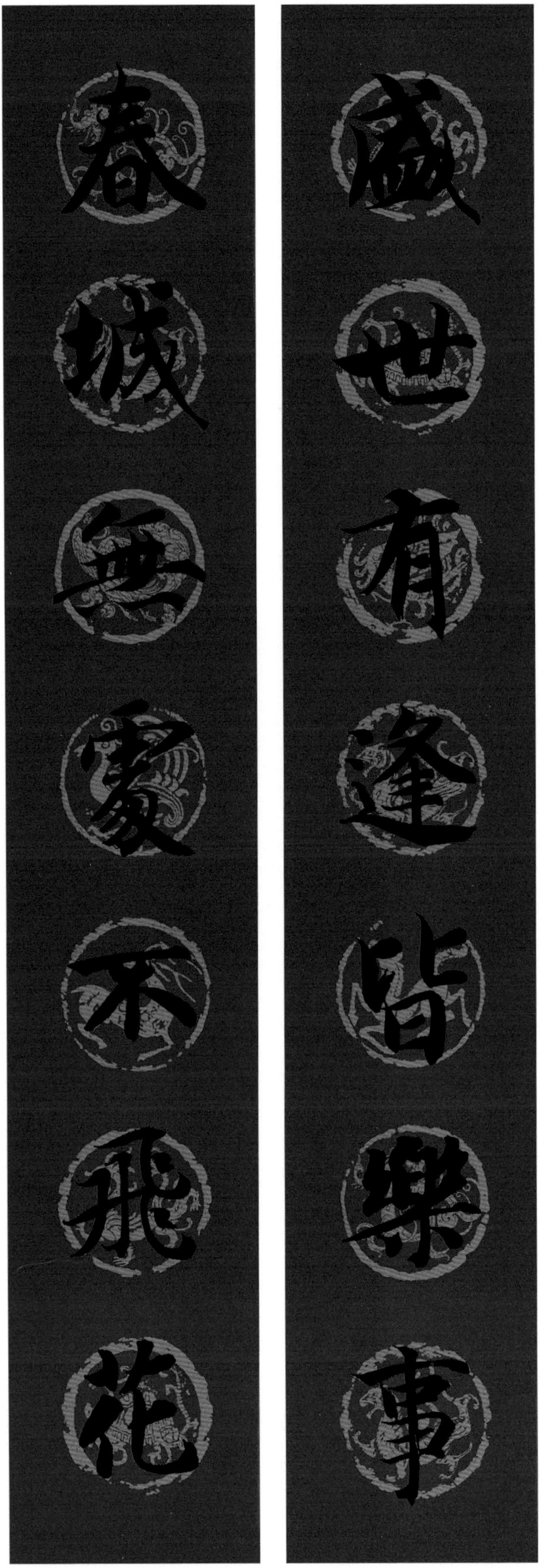

盛世有逢皆乐事
春城无处不飞花

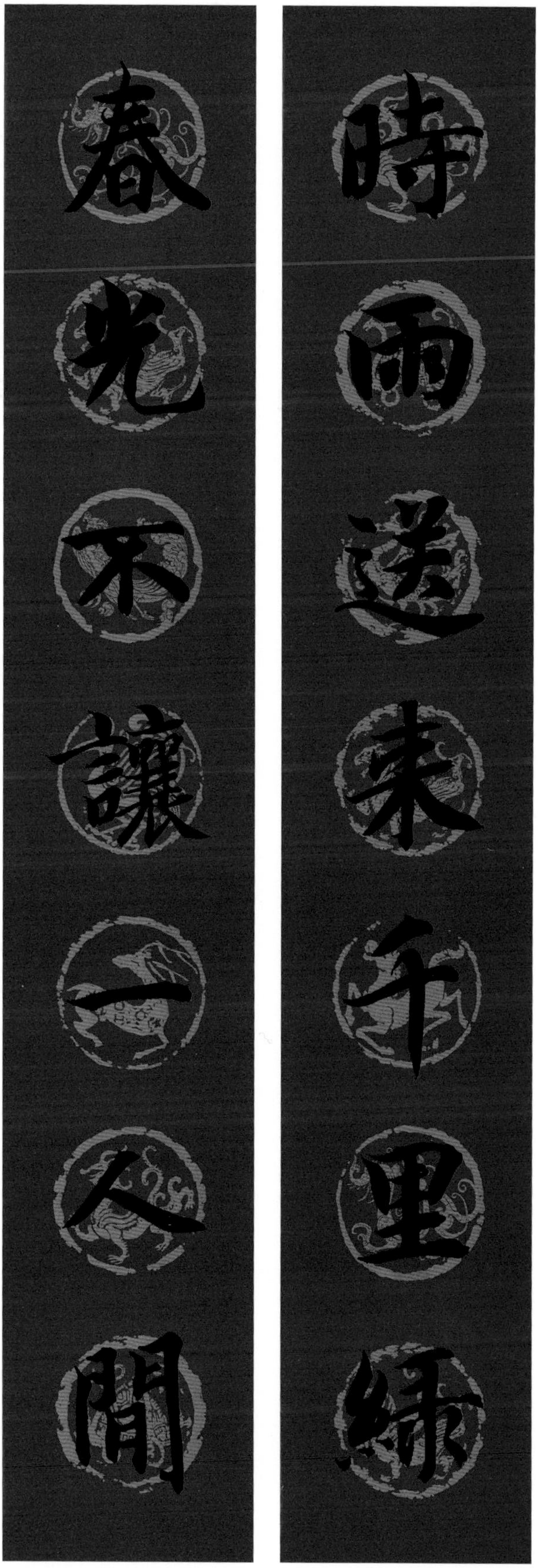

时雨送来千里绿
春光不让一人闲

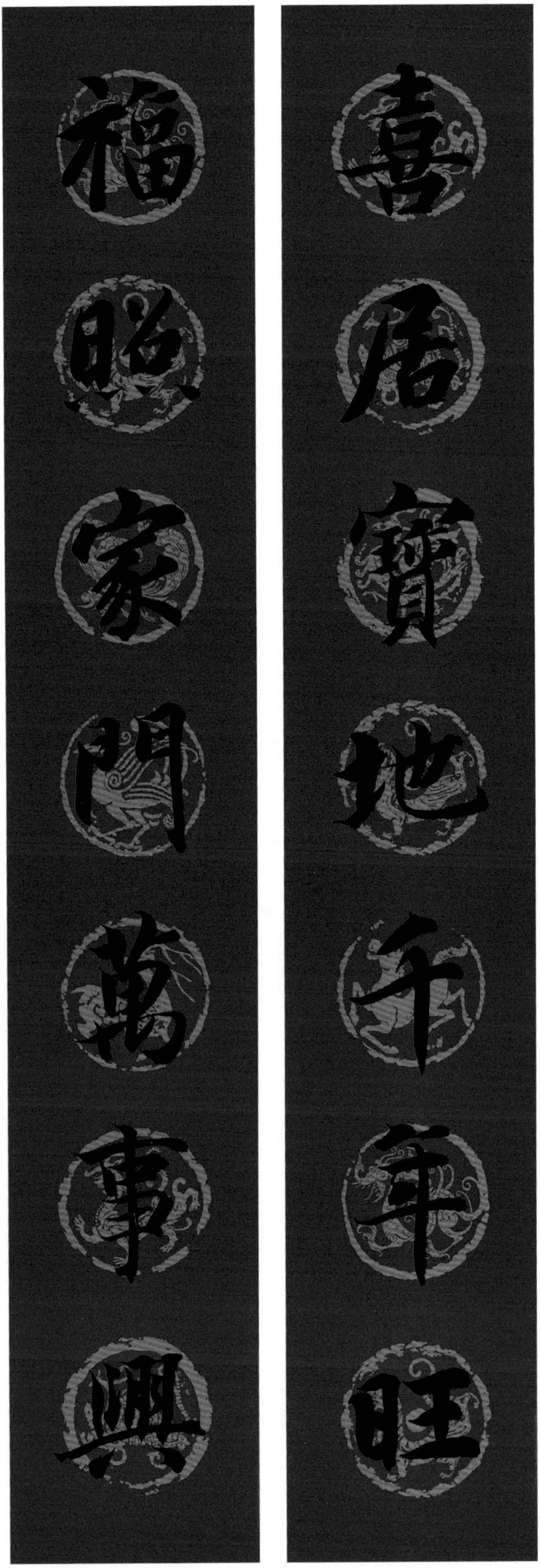

喜居宝地千年旺
福照家门万事兴

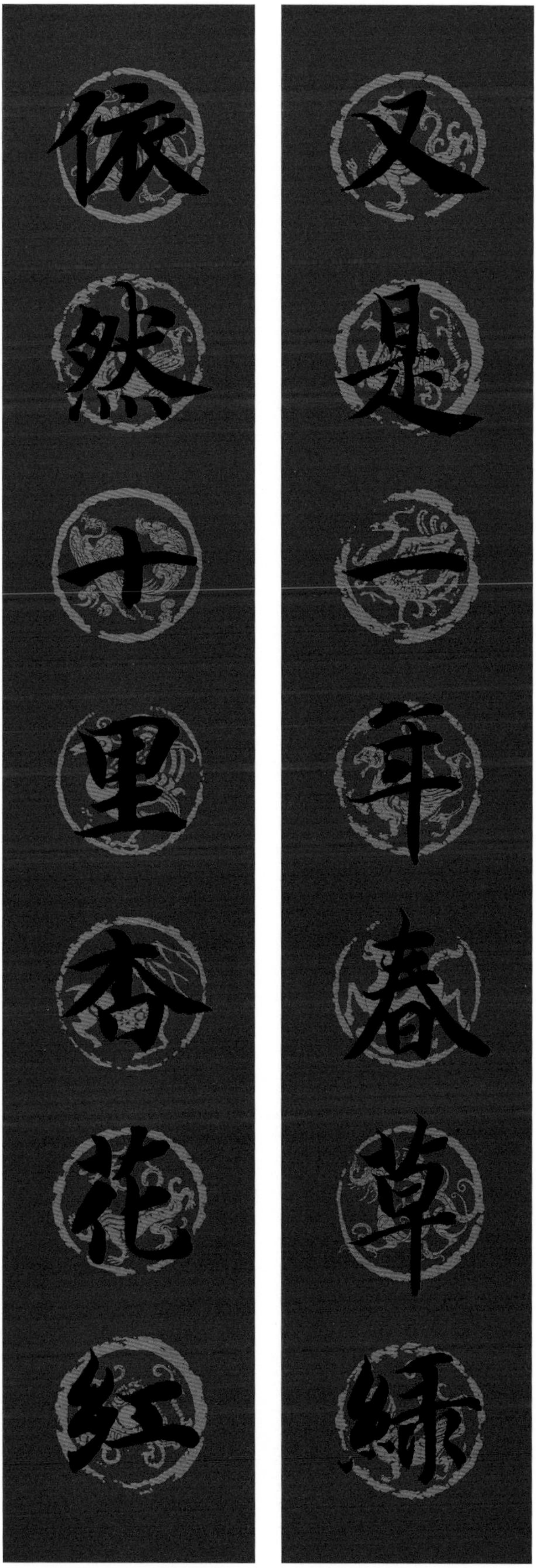

又是一年春草绿
依然十里杏花红

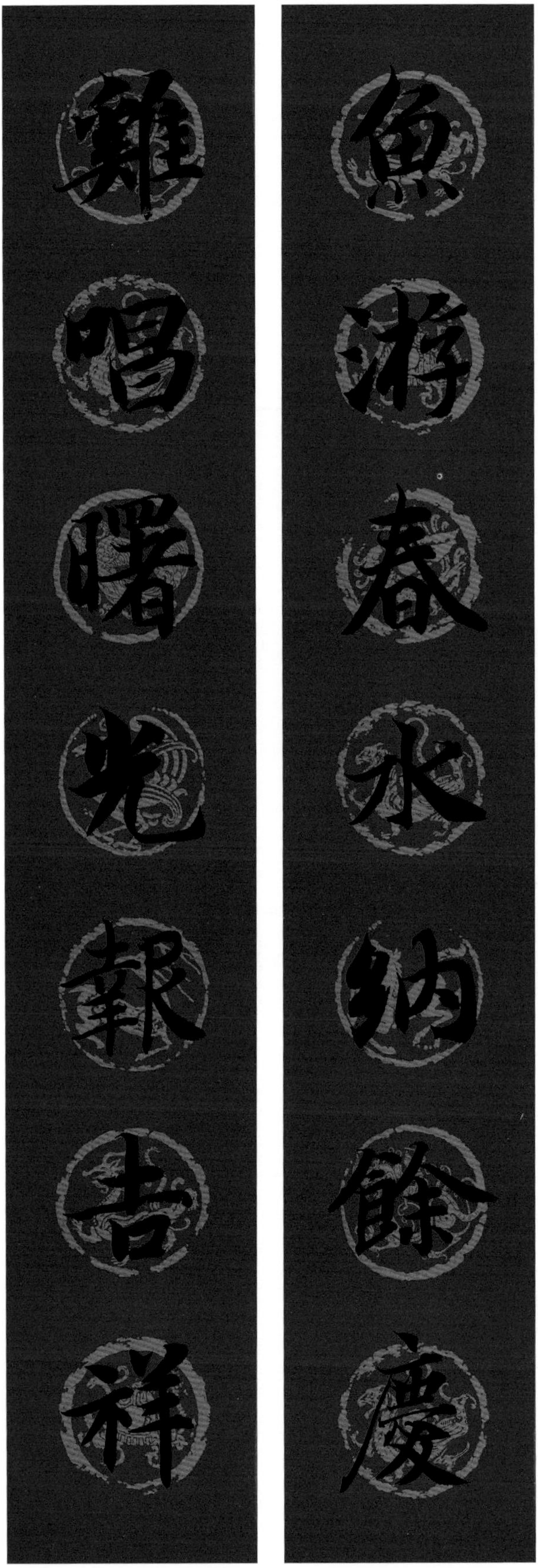

鱼游春水纳余庆
鸡唱曙光报吉祥

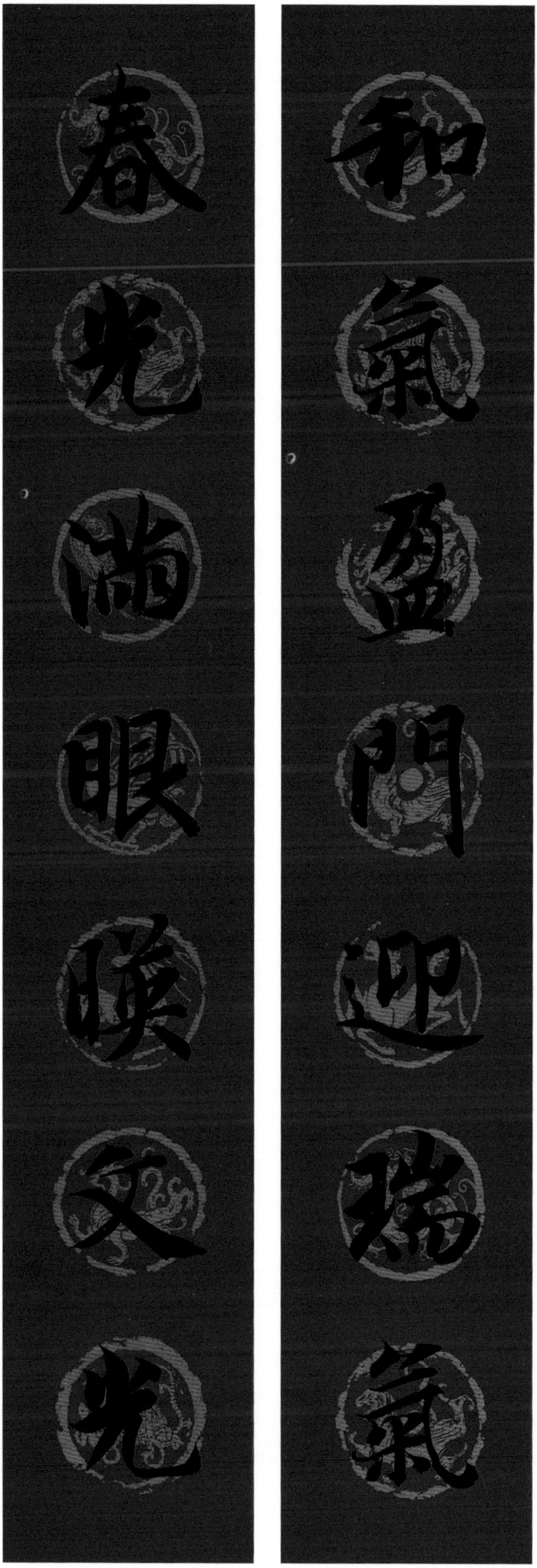

和气盈门迎瑞气
春光满眼映文光

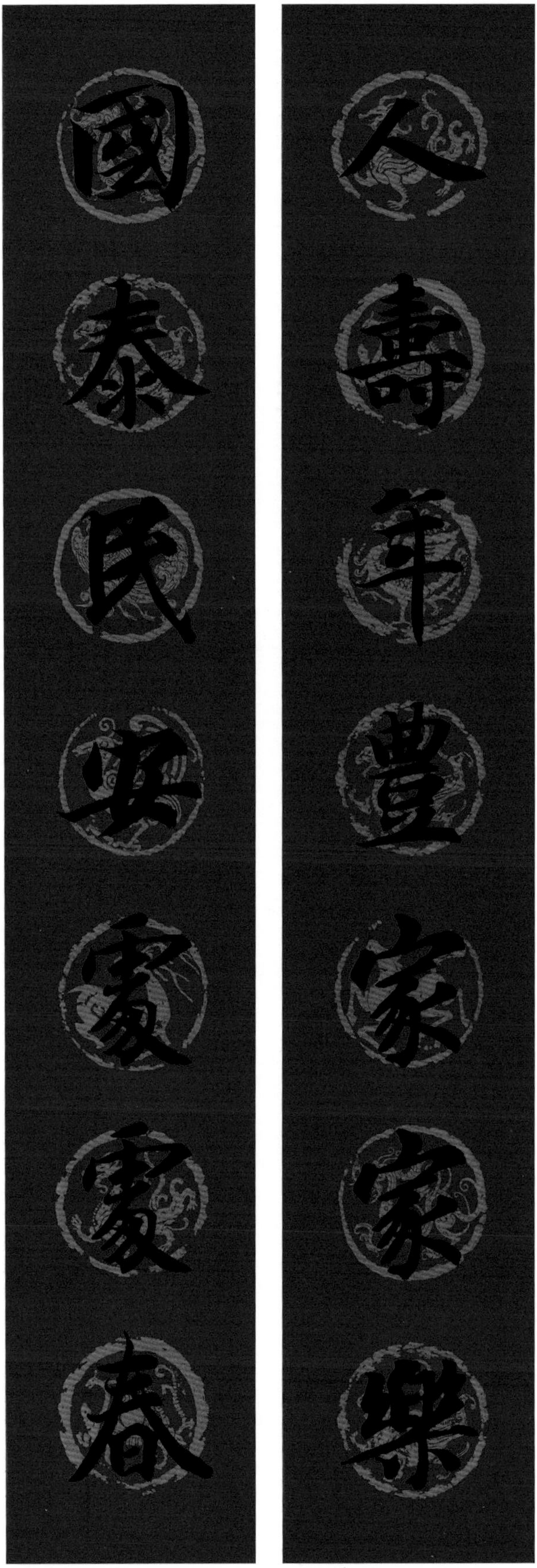

人寿年丰家家乐
国泰民安处处春

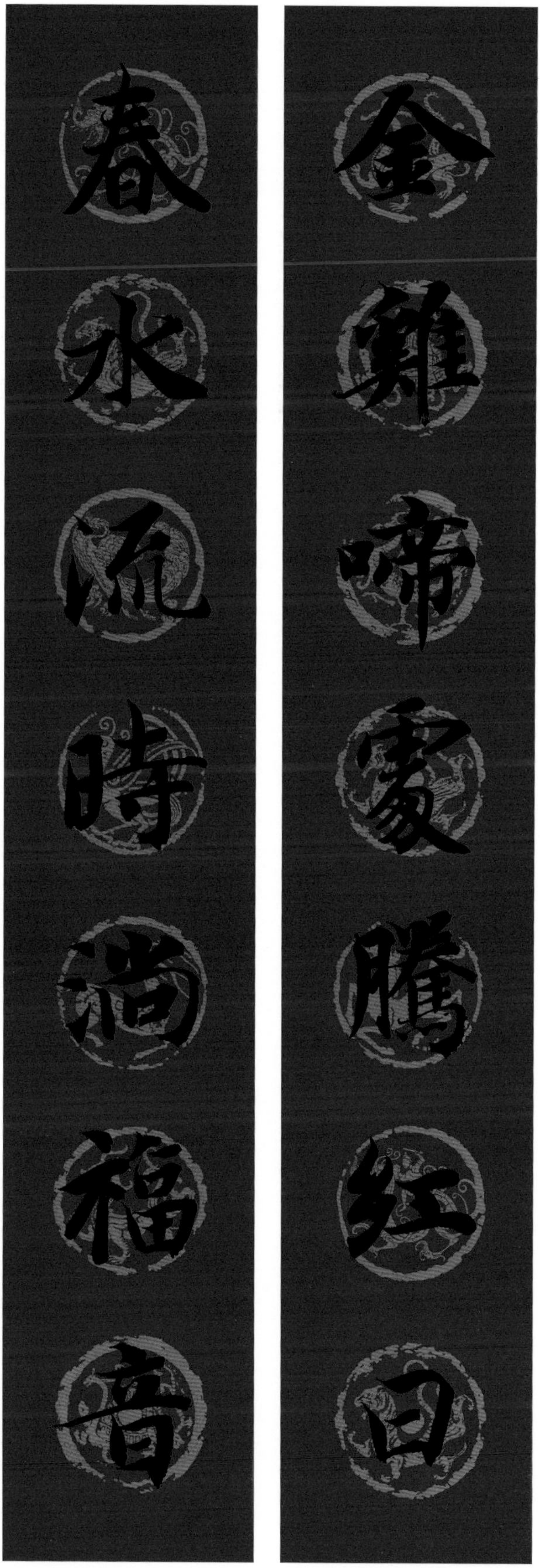

金鸡啼处腾红日
春水流时淌福音

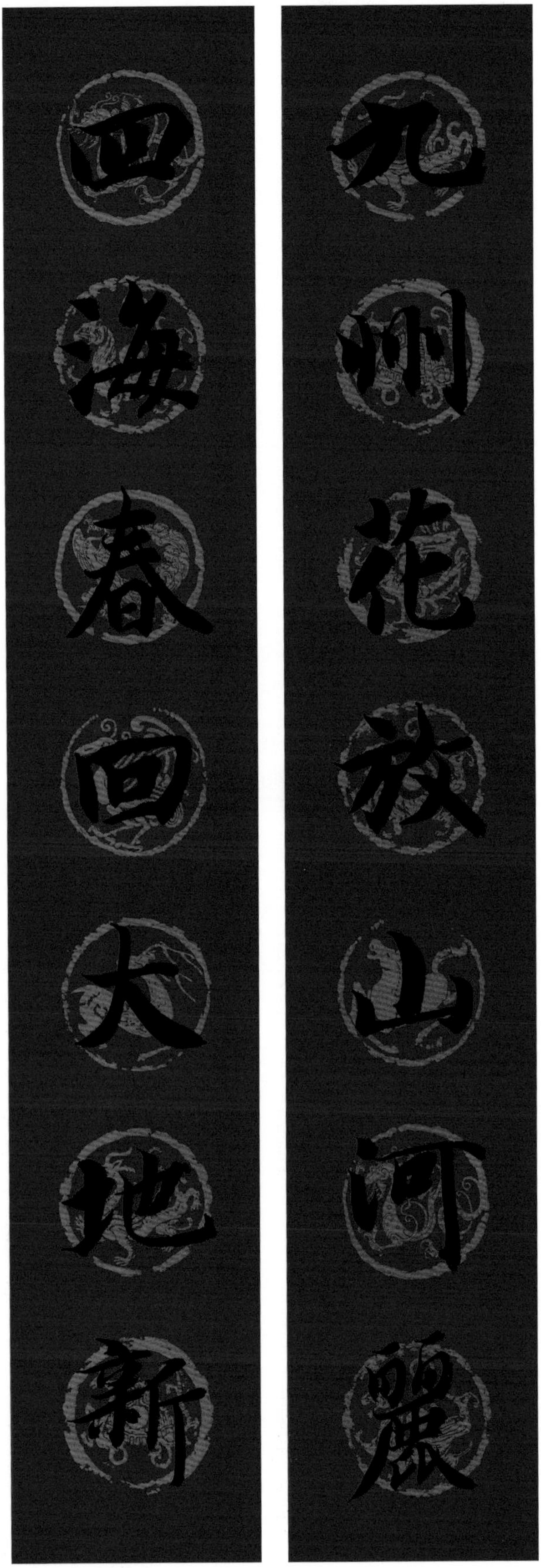

九州花放山河丽
四海春回大地新

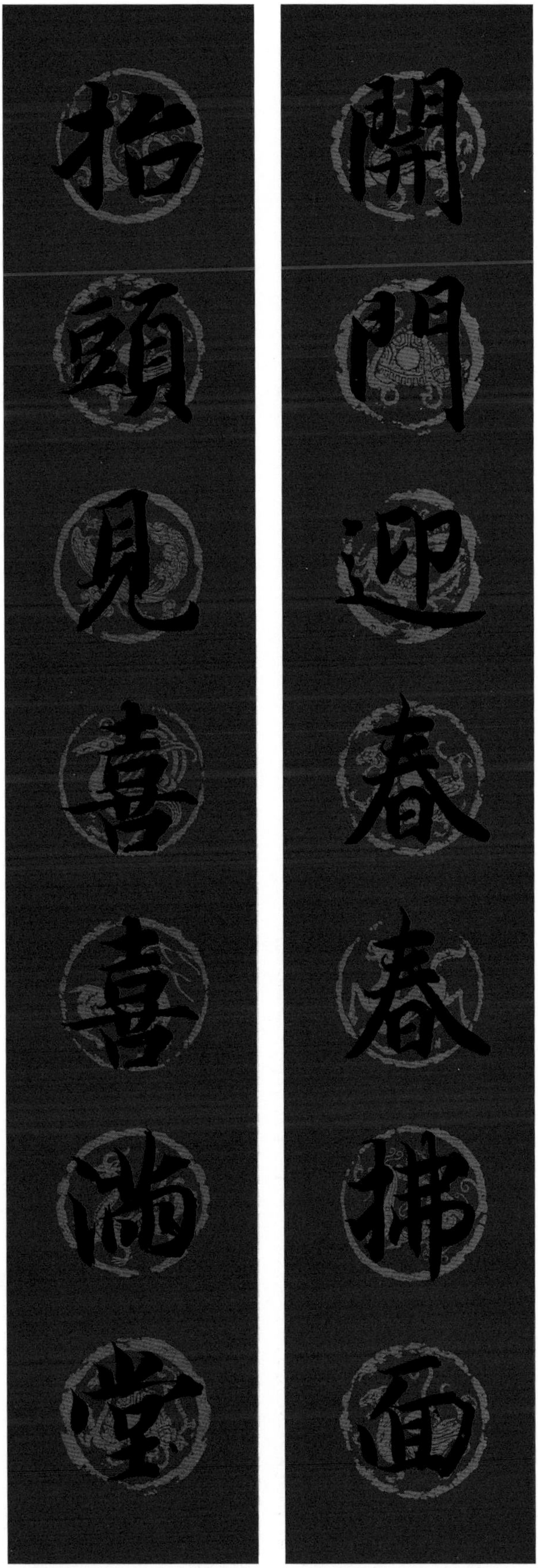
開門迎春春拂面
抬頭見喜喜滿堂

开门迎春春拂面
抬头见喜喜满堂

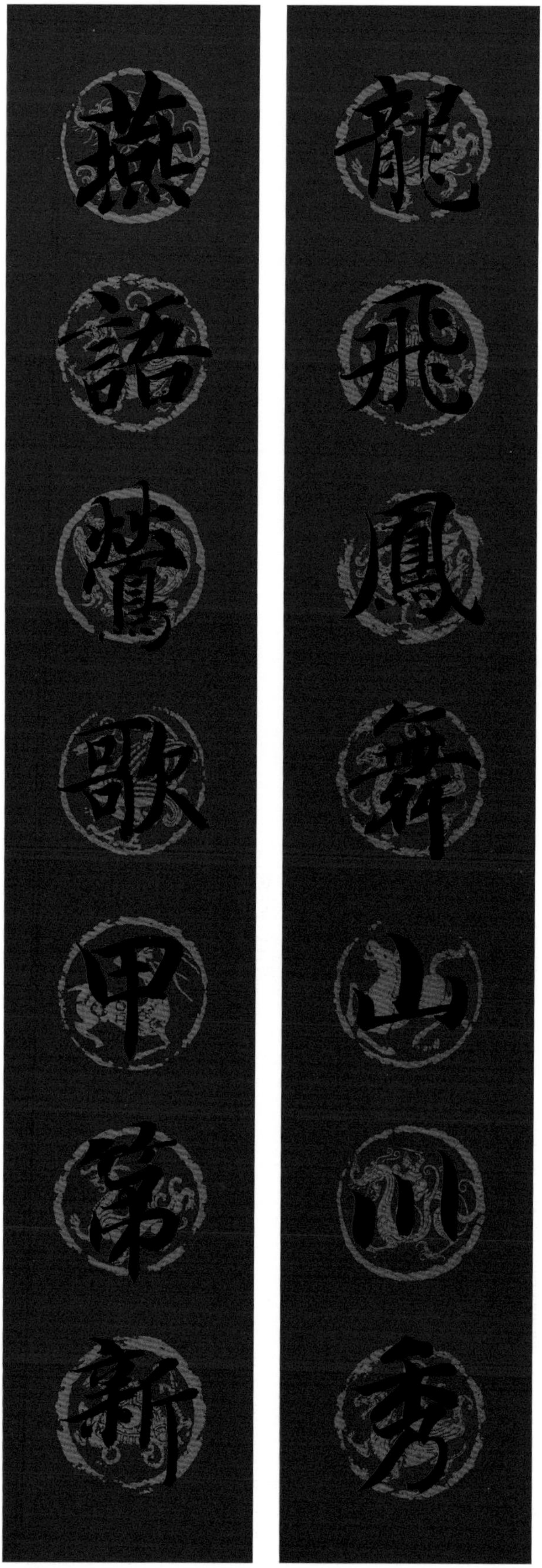

龙飞凤舞山川秀
燕语莺歌甲第新

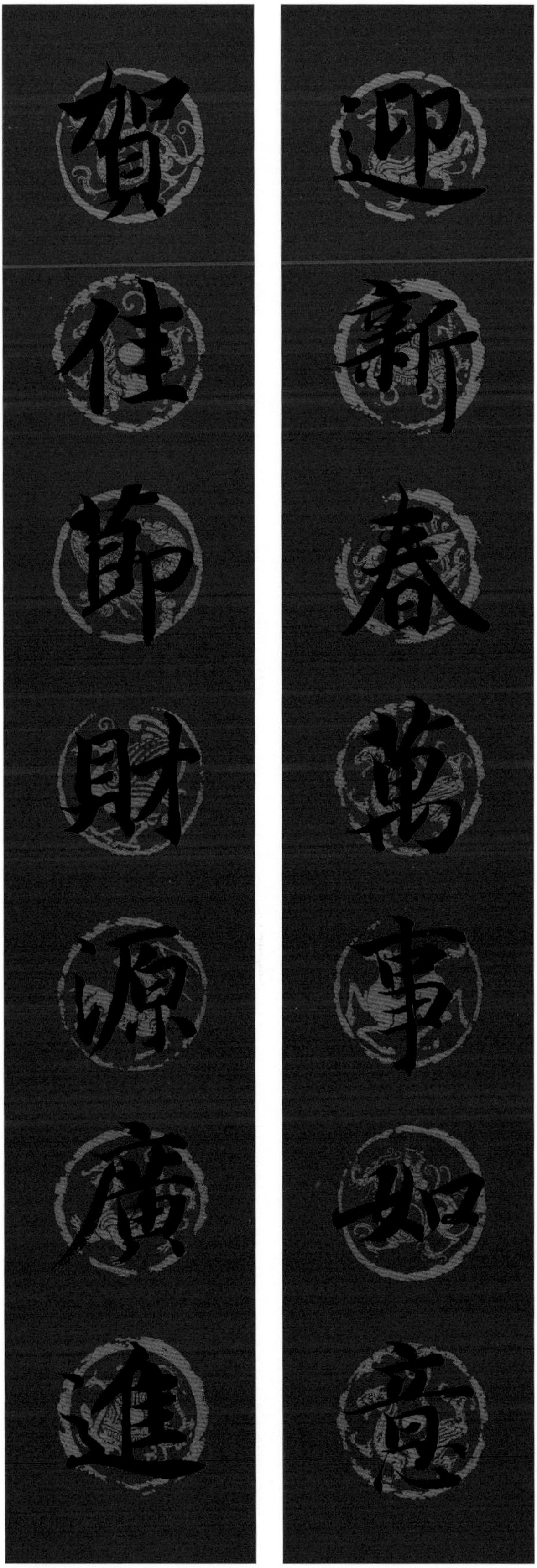

迎新春万事如意
贺佳节财源广进

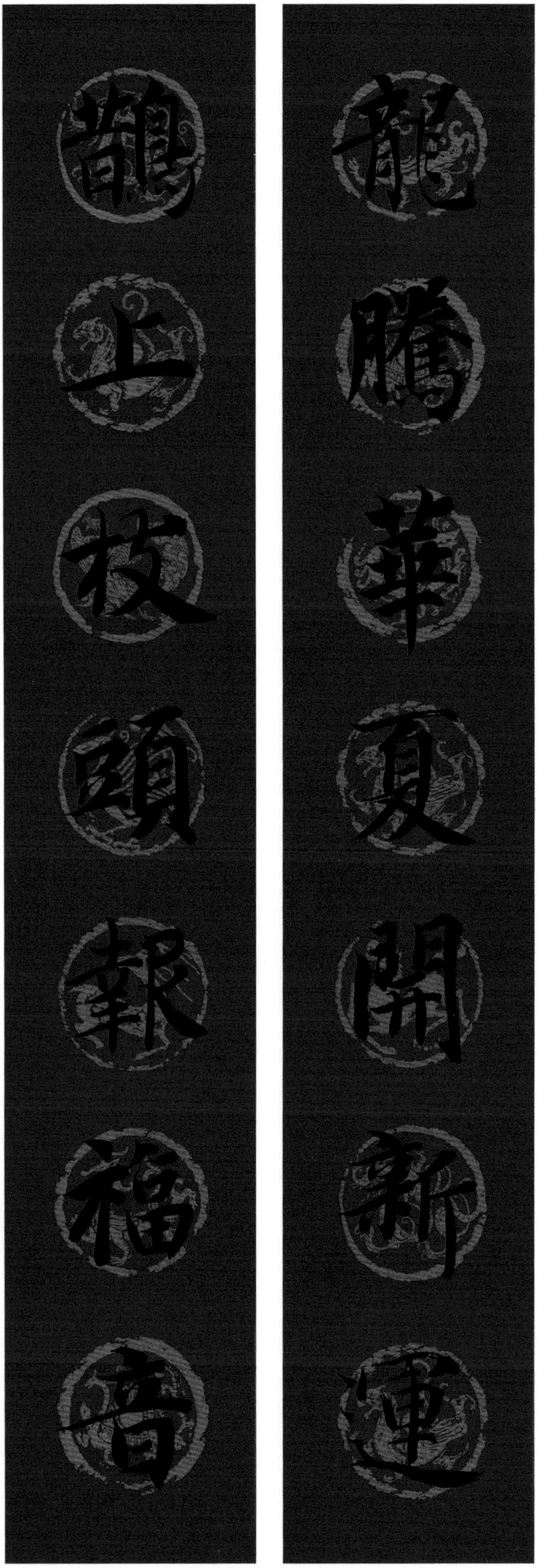

龙腾华夏开新运
鹊上枝头报福音

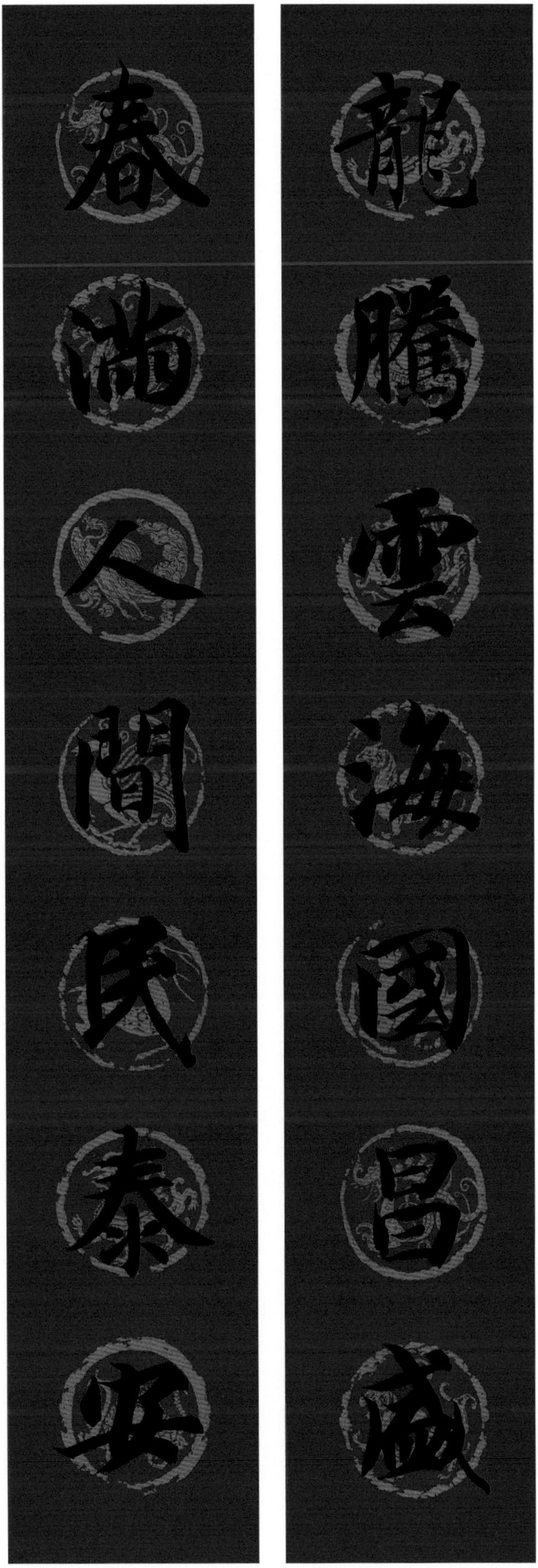

龙腾云海国昌盛
春满人间民泰安

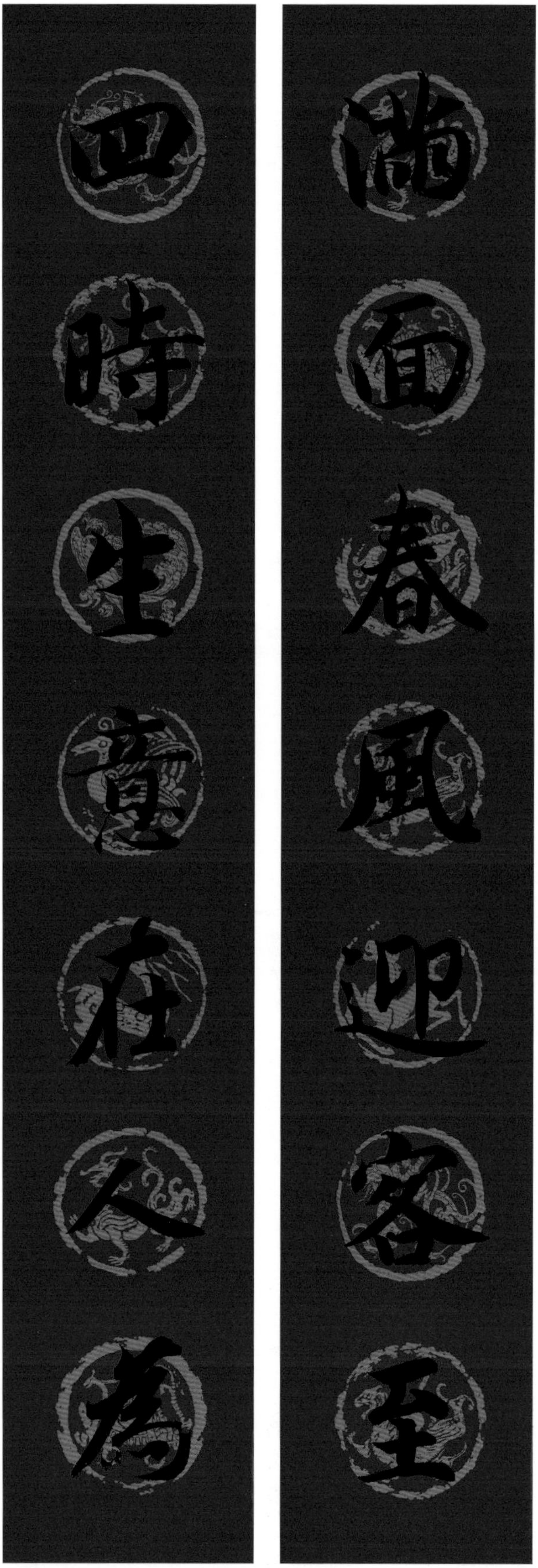

满面春风迎客至
四时生意在人为

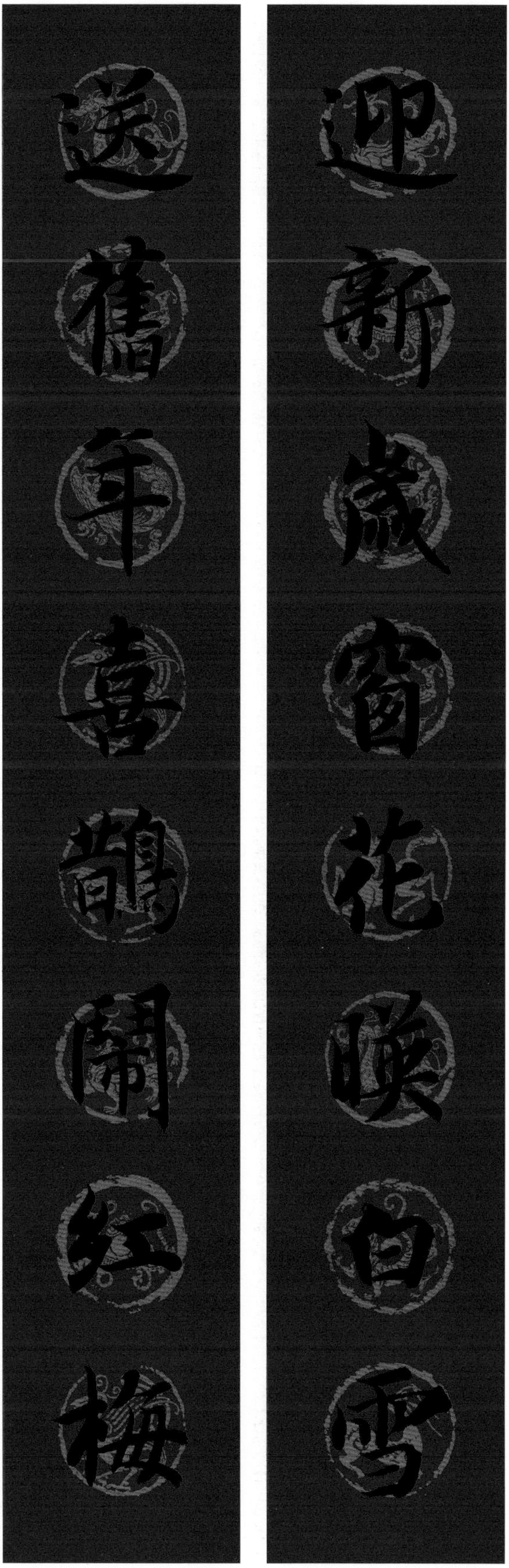

迎新岁窗花映白雪
送旧年喜鹊闹红梅

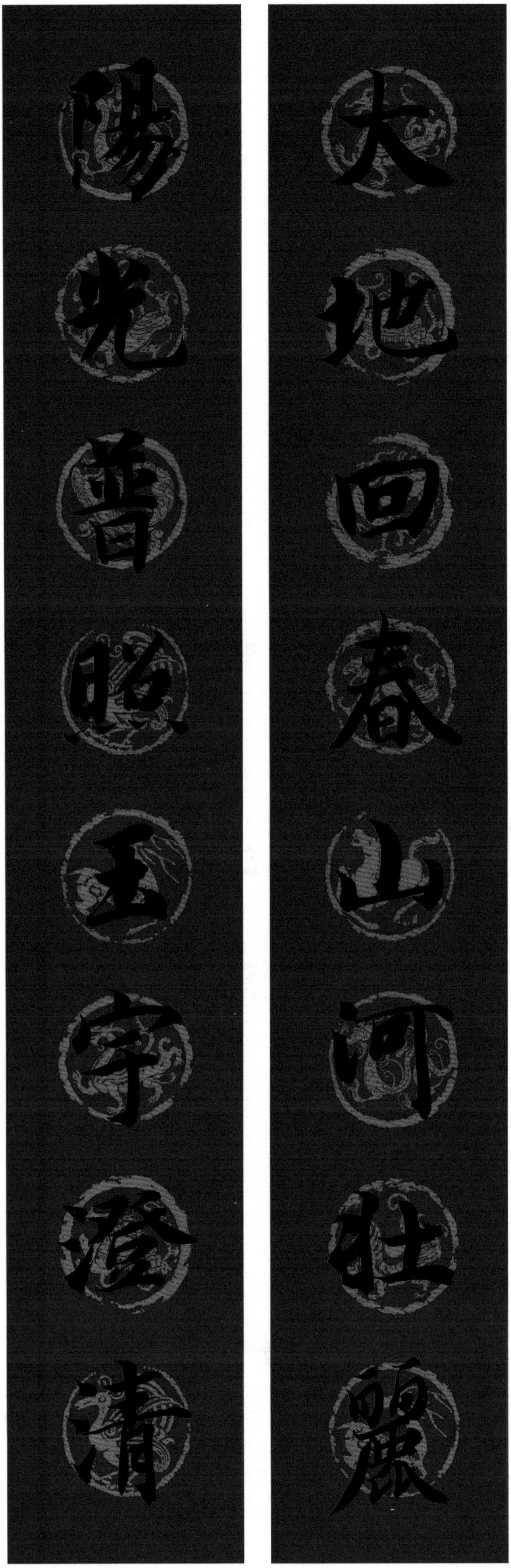

大地回春山河壮丽
阳光普照玉宇澄清

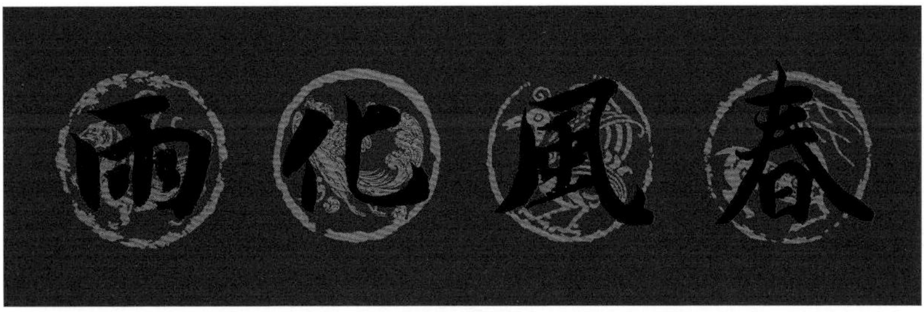

春风化雨

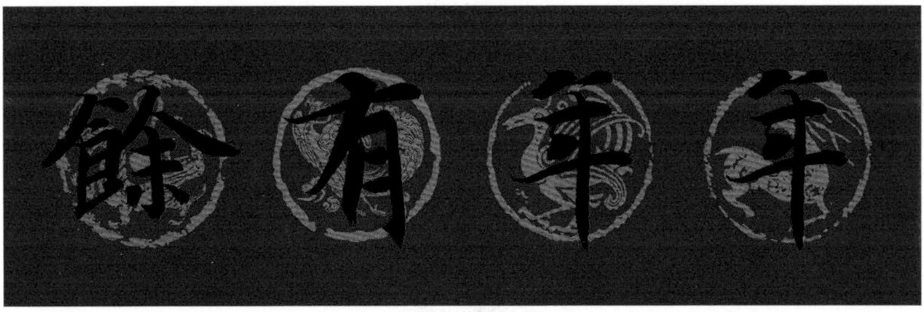

年年有余

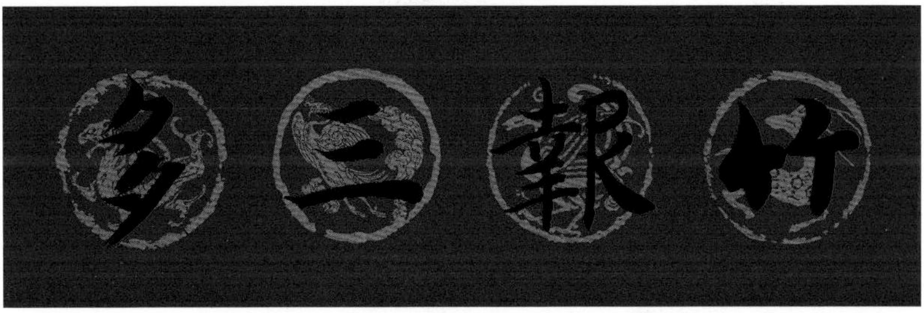

竹报三多

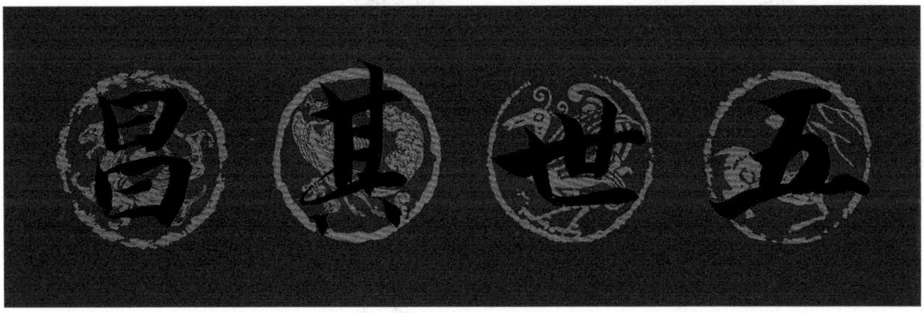

五世其昌

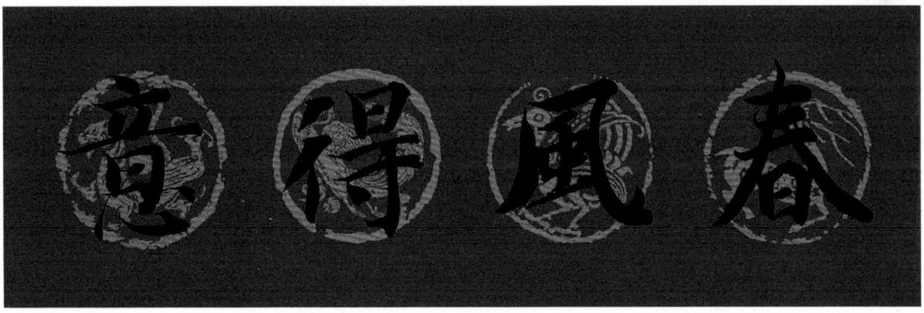

春风得意

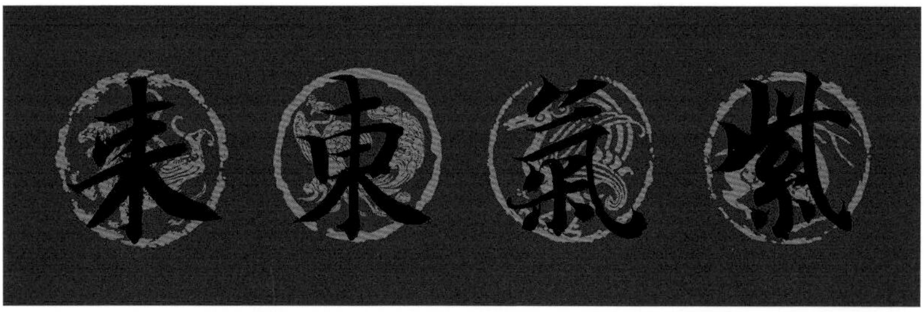

紫气东来

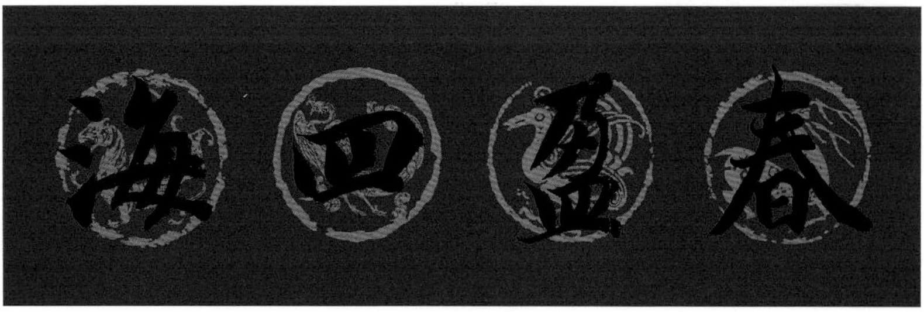

春盈四海

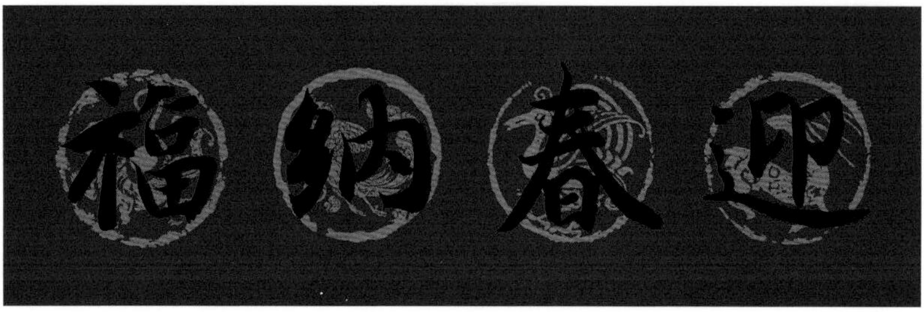

迎春纳福

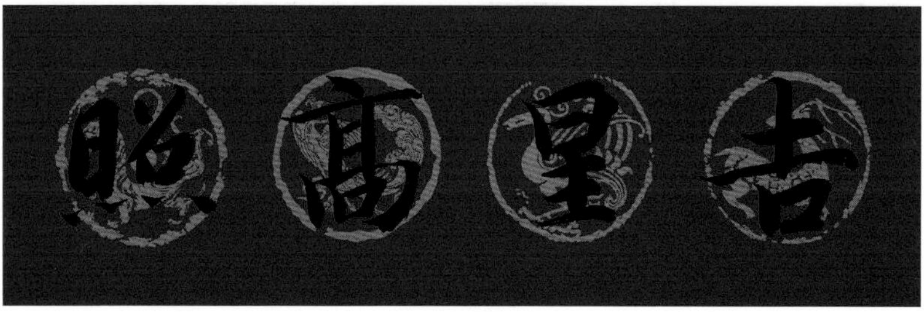

吉星高照

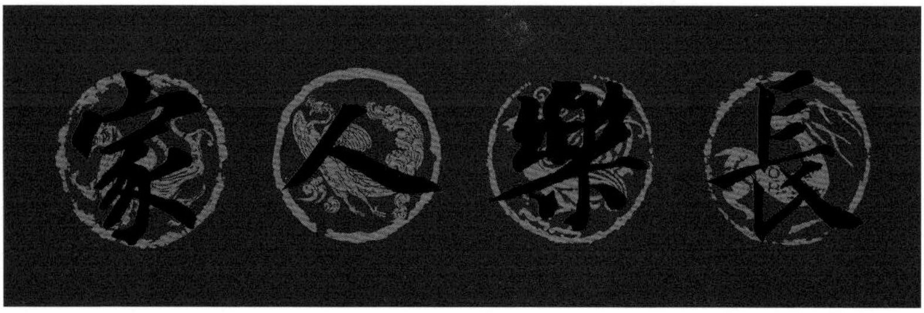

长乐人家

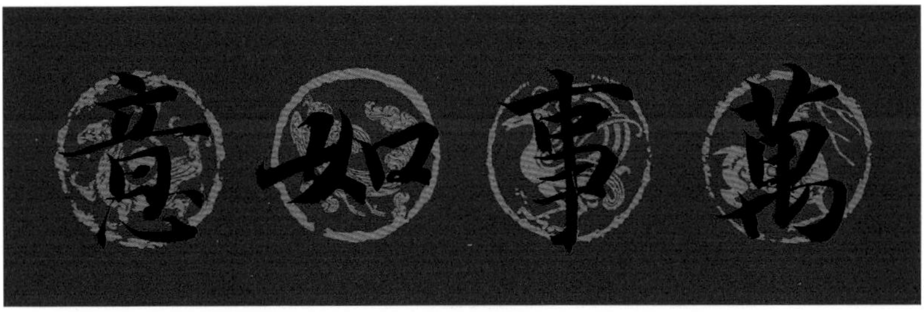

万事如意

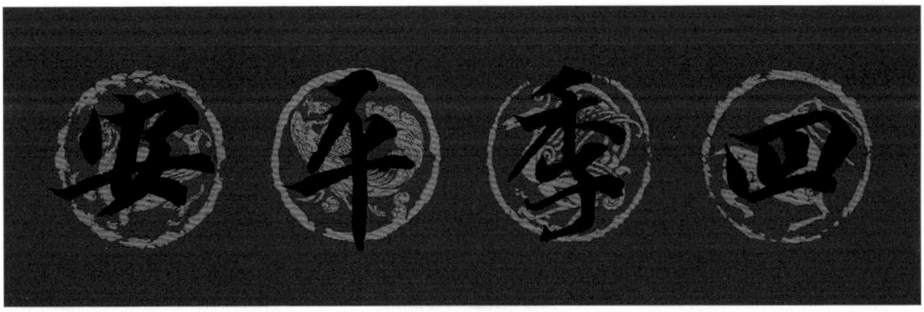

四季平安

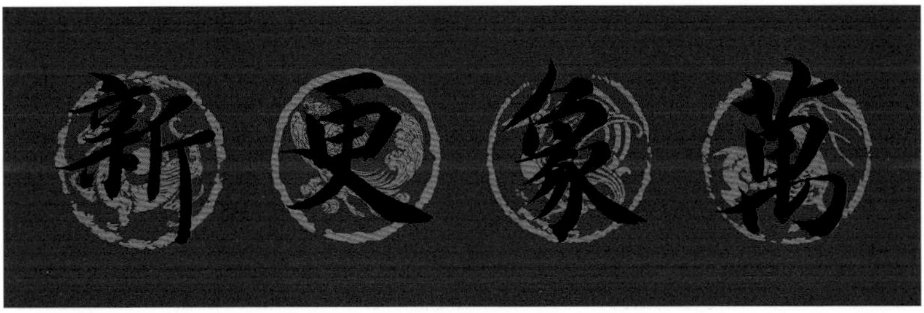

万象更新

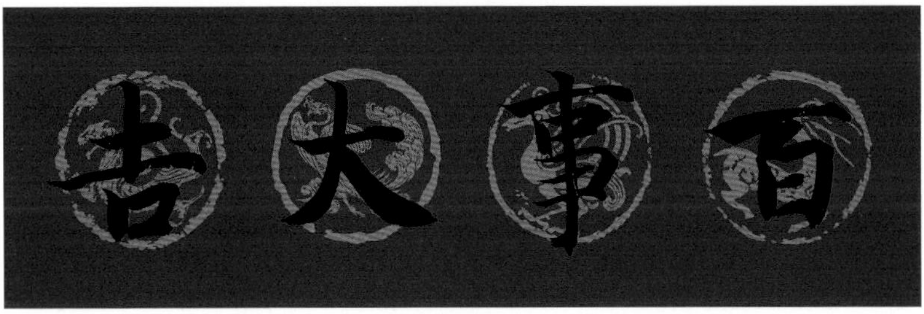

百事大吉

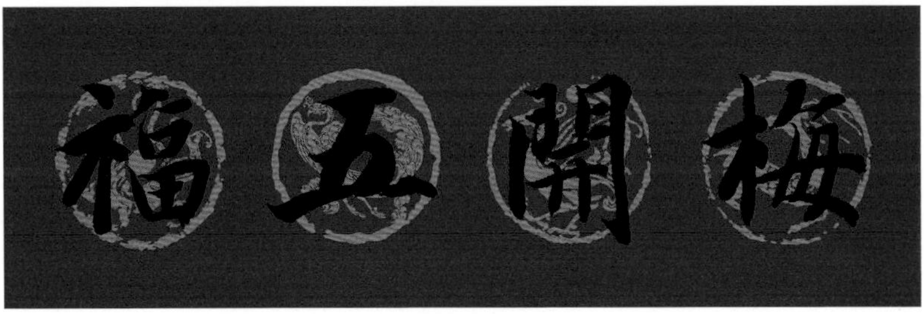

梅开五福

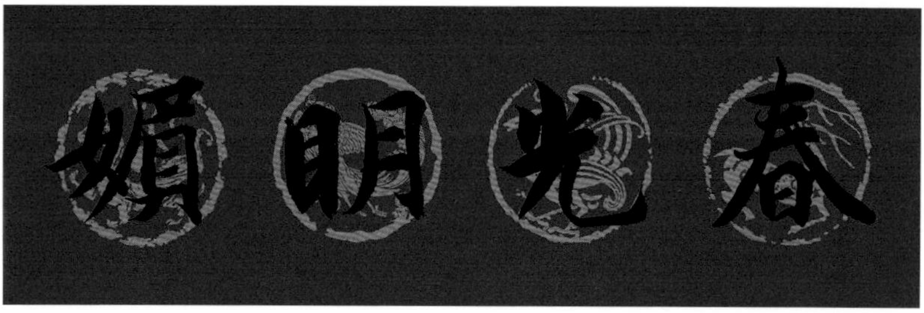

春光明媚

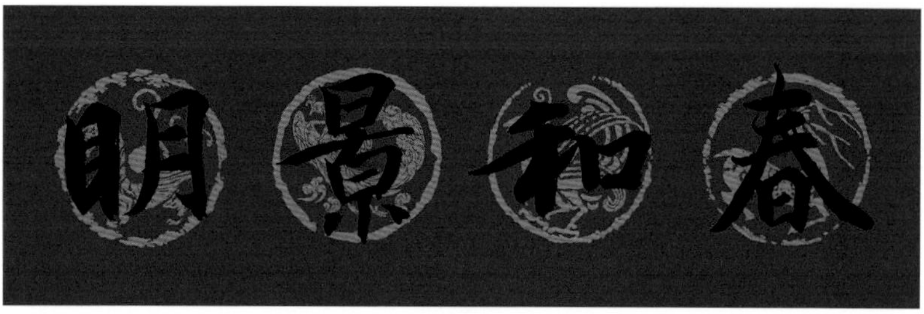

春和景明

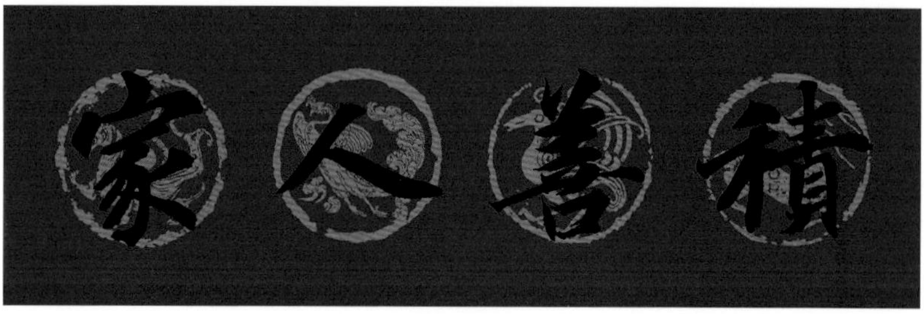

积善人家

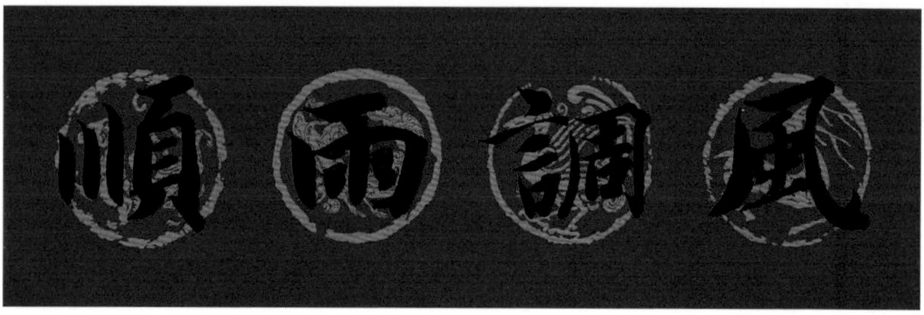

风调雨顺

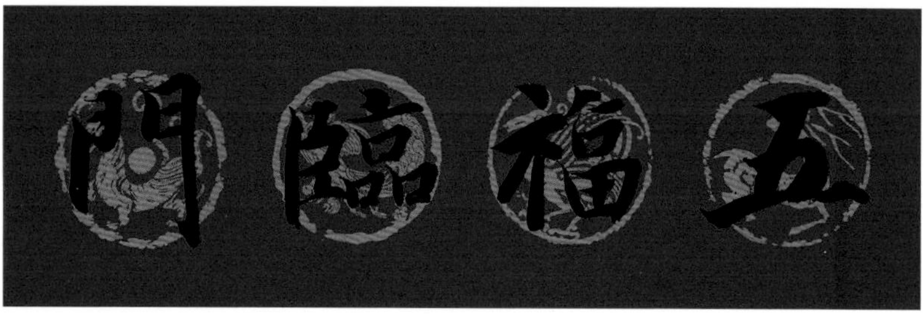

五福临门

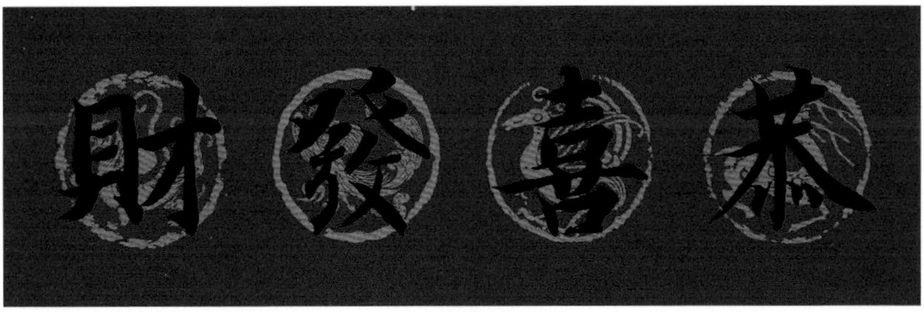

恭喜发财

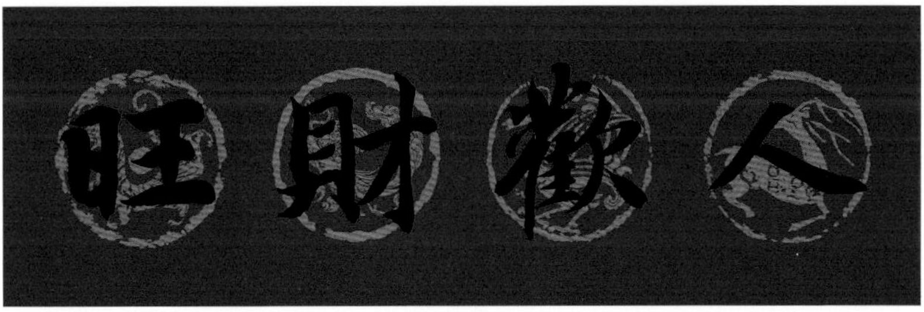

人欢财旺

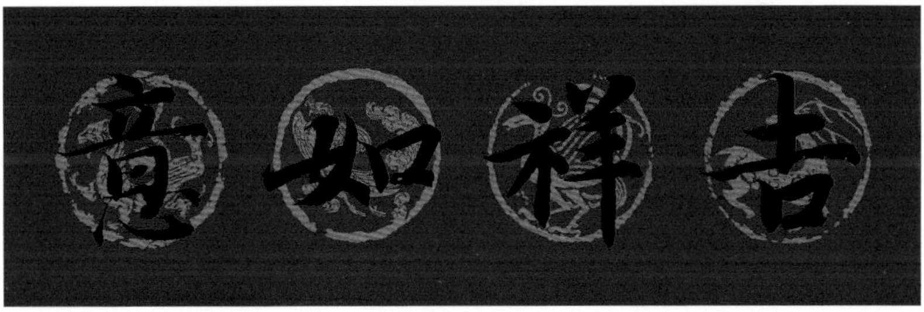

吉祥如意

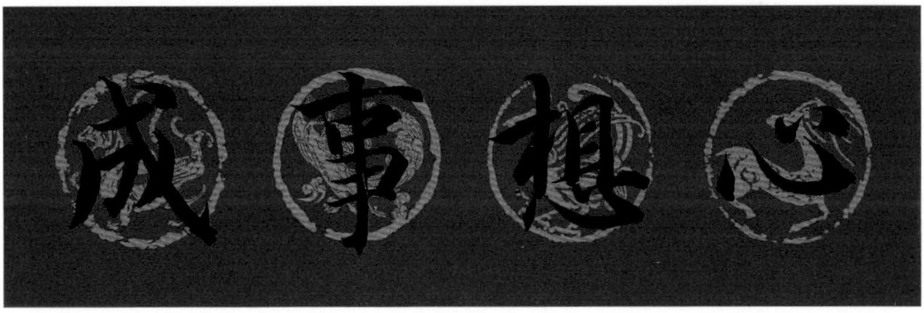

心想事成

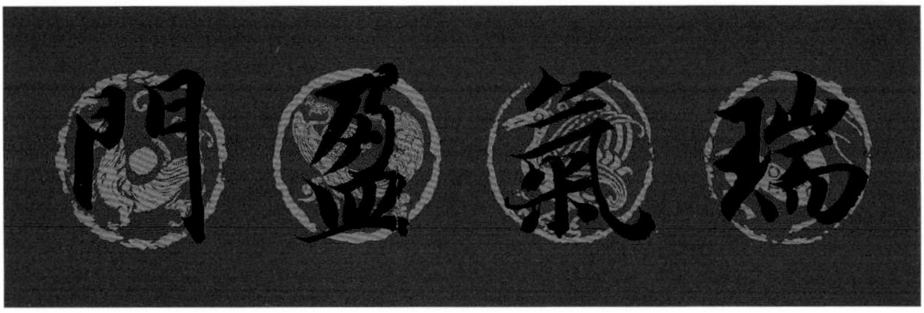

瑞气盈门

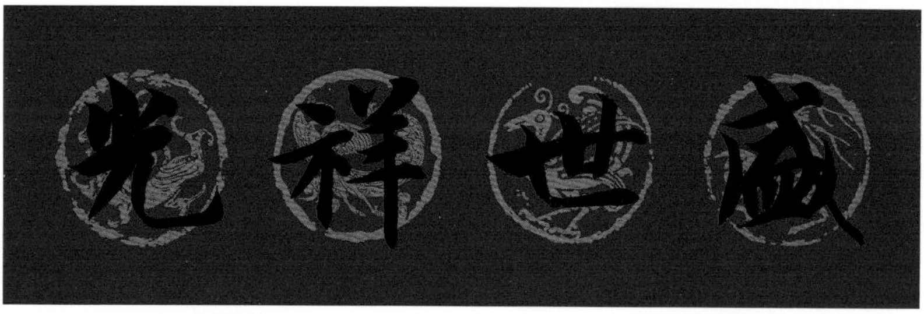

盛世祥光

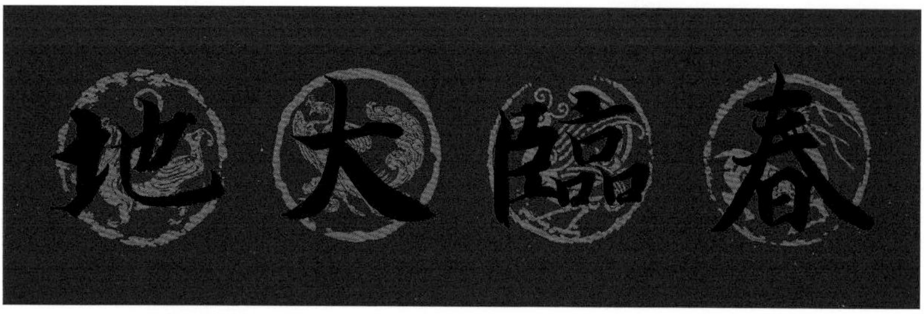

春临大地

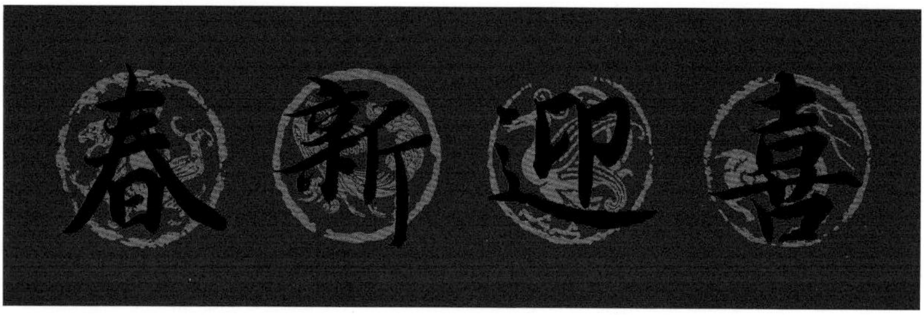

喜迎新春

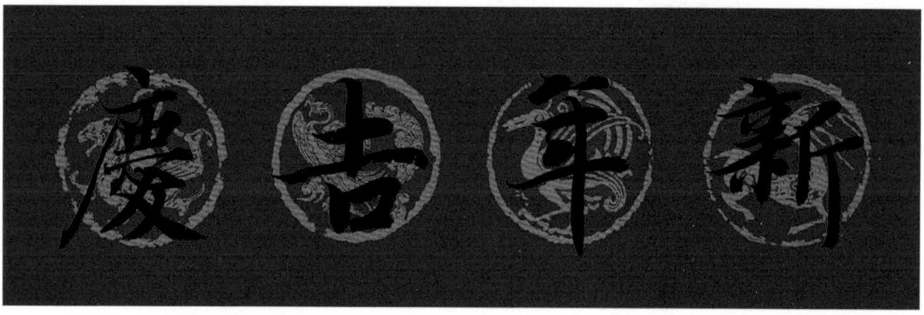

新年吉庆

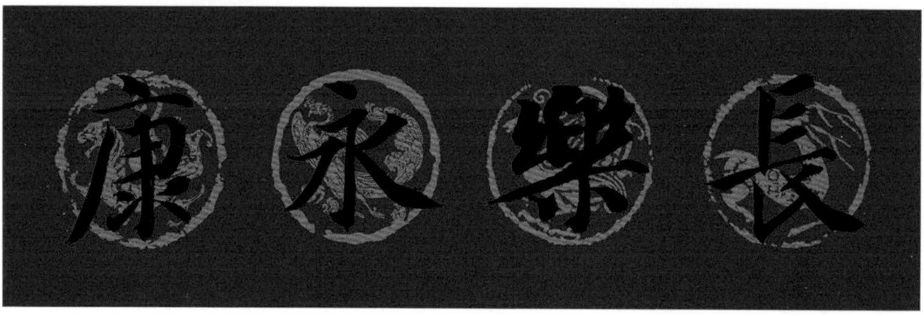

长乐永康